발 행 일	2023년 01월 02일 (1판 1쇄)
I S B N	979-11-92695-01-3(13000)
정 가	14,000원
집 필	KIE기획연구실
진 행	김동주
본문디자인	디자인앨리스
발 행 처	(주)아카데미소프트
발 행 인	유성천
주 소	경기도 파주시 정문로 588번길 24
홈 페 이 지	www.aso.co.kr / www.asotup.co.kr

※ 이 책은 저작권법에 따라 보호를 받는 저작물이므로 무단 전재와 무단 복제를 금지하며, 이 책 내용의 전부 또는 일부를 이용하려면 반드시 ㈜아카데미소프트의 서면 동의를 받아야 합니다.

오늘의 타타 : 타자 연습의 타자수 및 정확도를 적어보세요.

▼ 오늘 타이핑한 타수와 정확도를 적어 자신의 실력이 얼마나 향상되고 있는지 확인하고 친구들과 비교해보세요.

구분	날짜	타자수	정확도	확인란	구분	날짜	타자수	정확도	확인란
1	월 일				13	월 일			
2	월 일				14	월 일			
3	월 일				15	월 일			
4	월 일				16	월 일			
5	월 일				17	월 일			
6	월 일				18	월 일			
7	월 일				19	월 일			
8	월 일				20	월 일			
9	월 일				21	월 일			
10	월 일				22	월 일			
11	월 일				23	월 일			
12	월 일				24	월 일			

구성 — 이런 내용으로 구성되어 있어요!

▼ 작품 만들기_한셀 NEO의 다양한 기능들을 학습할 수 있도록 구성하였습니다.

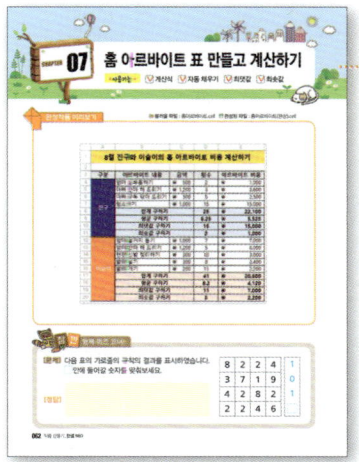

▶ 완성작품 미리보기
각 CHAPTER별로 배울 내용에 대한 간단한 기능 설명과 함께 완성된 이미지를 보여줍니다.

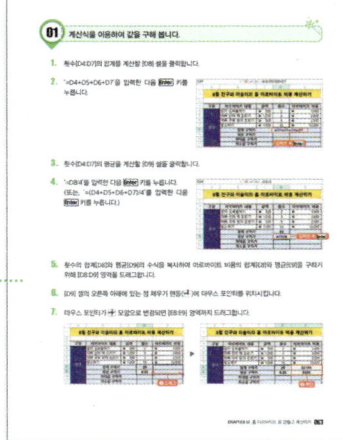

STEP 01
본문 따라하기
각 CHAPTER에서 배울 내용을 재미있는 예제를 통해 쉽게 따라하며 배울 수 있습니다.

STEP 02
▶ 미션 수행하기
각 CHAPTER가 끝나면 앞에서 배운 내용을 다시 한 번 확인할 수 있도록 유사한 문제를 제공합니다.

CONTENTS 목차

CHAPTER 01 — 우리집 수입과 지출 현황 만들기 — 006

CHAPTER 02 — 우리집 수입과 지출 현황 꾸미기 — 014

CHAPTER 03 — 형돈이네 재활용 처분하기 — 022

CHAPTER 04 — 튼튼한 미래를 위한 저축 상품 알아보기 — 030

CHAPTER 05 — 저녁 식단표 만들기 — 038

CHAPTER 06 — 진구의 성적관리 표 만들기 — 052

CHAPTER 07 — 홈 아르바이트 표 만들고 계산하기 — 062

CHAPTER 08 — PROJECT 01 장미 초등학교 시간표 — 072

CHAPTER 09 — 맛있는 피자 매출 분석표 만들기 — 074

CHAPTER 10 — 주요 생활물가지수 만들기 — 088

CHAPTER 11 — 민지네 상반기 지출현황 — 098

CHAPTER 12 — 기부문화 참여자 명단 만들기 — 106

CHAPTER 13
피벗 테이블을 이용한 인라인 스케이트 기록표 만들기
116

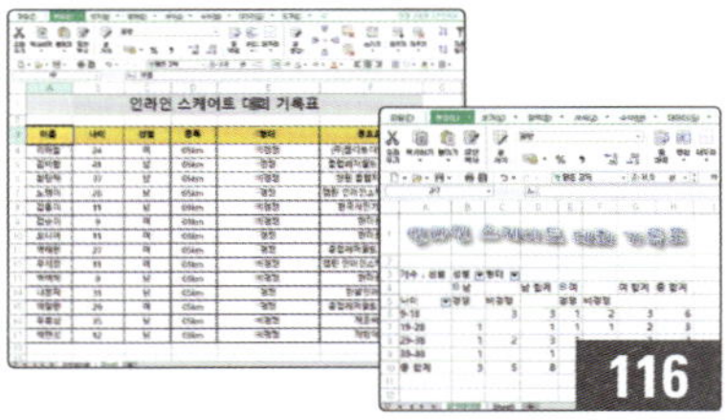

CHAPTER 14
우리집 수입대비 지출현황
124

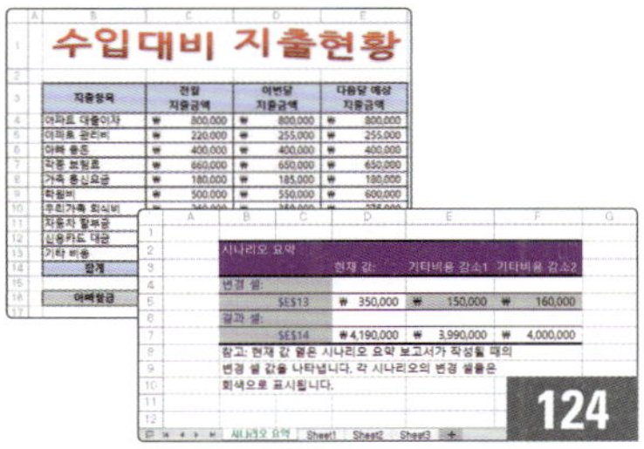

CHAPTER 15
4남매 월별 저축액 차트 만들기
132

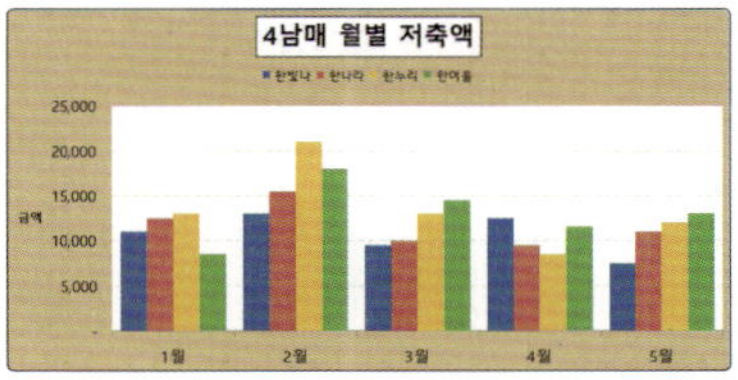

CHAPTER 16
PROJECT 02 나만의 스타일
144

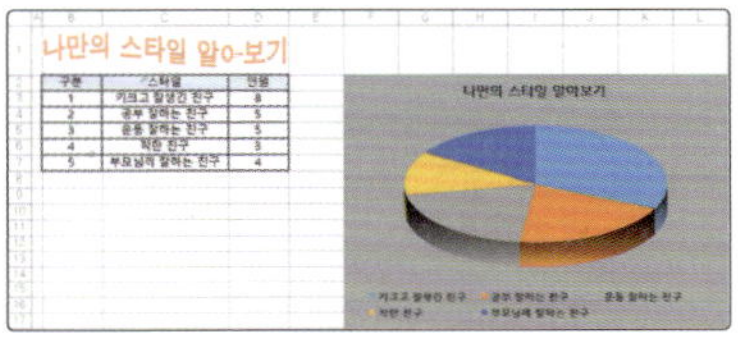

CHAPTER 17
PROJECT 03 우리 초등학교 약도 그리기
146

CHAPTER 18
PROJECT 04 신비한 바닷속 물고기 세상
148

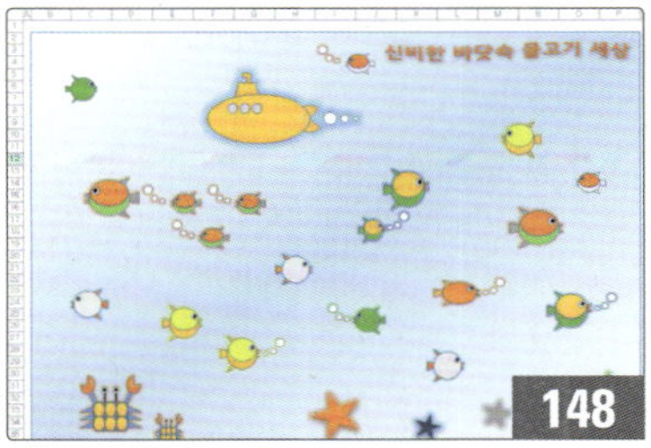

CHAPTER 19
PROJECT 05 동물 카드 단어장 만들기
150

CHAPTER 20
PROJECT 06 목표 값 찾기 및 필터 작성하기
152

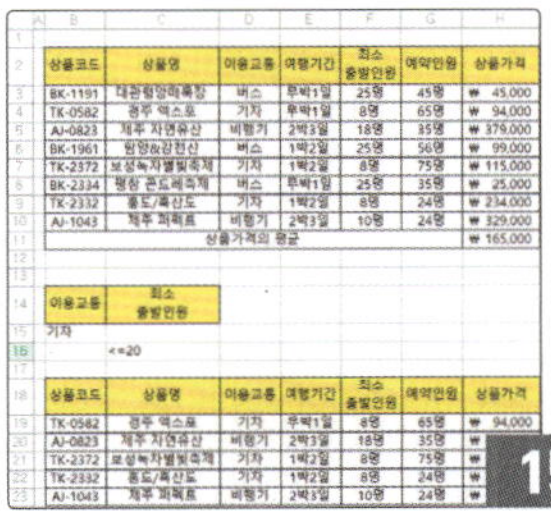

CHAPTER 21
PROJECT 07 목표 값 찾기 및 필터 작성하기
154

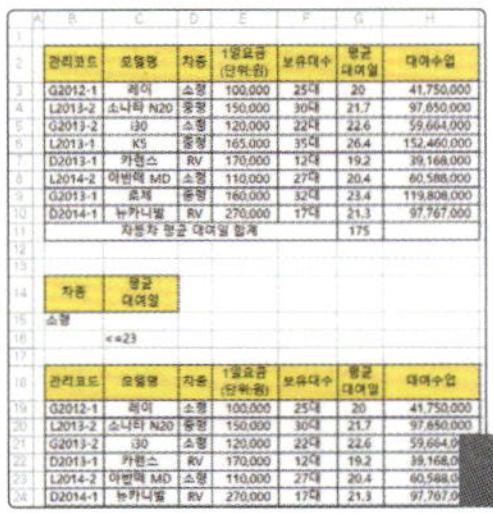

CHAPTER 22
PROJECT 08 정렬 및 부분합 작성하기
156

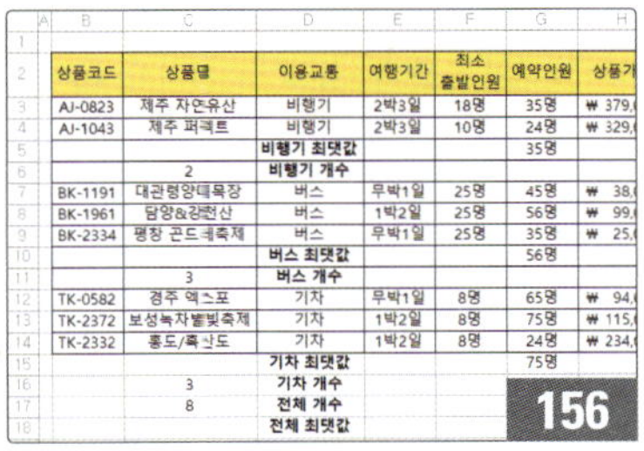

CHAPTER 23
PROJECT 09 피벗 테이블 작성하기
158

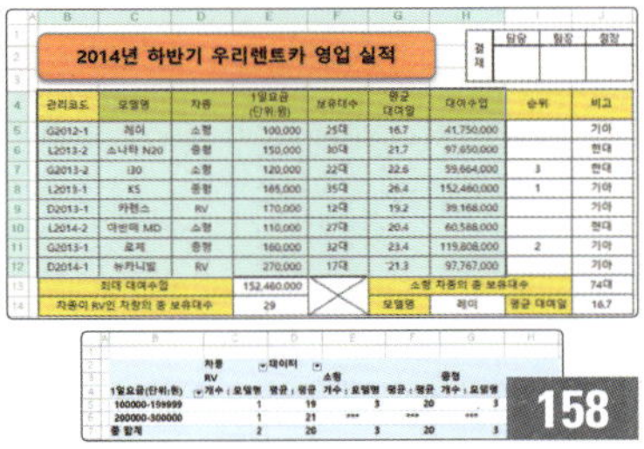

CHAPTER 24
PROJECT 10 그래프(차트) 작성하기
160

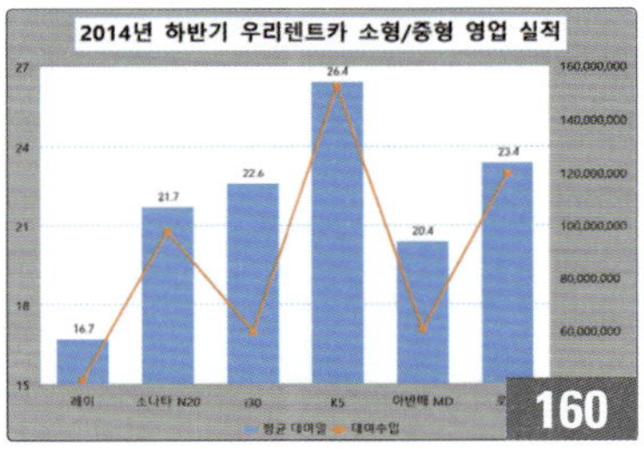

CHAPTER 01 우리집 수입과 지출 현황 만들기

★ 사용기능 ✓ 입력 ✓ 병합 ✓ 서식 ✓ 저장하기

완성작품 미리보기

📁 불러올 파일 : 없음   📄 완성된 파일 : 수입과지출(완성).cell

	A	B	C	D	E	F	G	H
1	♡ 우리집 수입과 지출 현황 ♡							
2								
3	날짜	수입(收入)		지출(支出)				
4		항목	금액	항목	금액			
5		아빠월급	3500000	대출이자	1000000			
6				아빠용돈	400000			
7				보험료	1000000			
8				생활비	1050000			
9				합계	3450000			
10		엄마월급	2000000	통신요금	250000			
11				학원비	400000			
12				외식비	300000			
13				차할부금	400000			
14				합계	1350000			
15		총합계	5500000		4800000			
16								
17								
18								
19								
20								

[문제] 다음 표의 각 가로줄의 규칙을 찾아내어 ☐ 안에 들어갈 숫자를 맞춰보세요.

[정답]

5	2	3
9	1	2
8	0	4
7	☐	2

006 작품 만들기_한셀 NEO

01 워크시트에 데이터를 입력해 봅니다.

1. [시작()]-[한셀(■)]을 클릭하여 실행합니다.

2. [A1] 셀을 클릭한 후 한글 자음 'ㅁ'을 입력하고 한자 키를 누릅니다.

3. 특수문자 목록이 표시되면 해당 특수문자 '♡'를 찾아 클릭하고 <바꾸기> 단추를 클릭합니다.

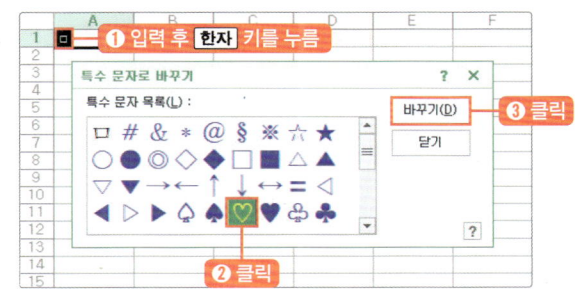

4. Space Bar 키를 눌러 한 칸을 띄운 후, 나머지 '우리집 수입과 지출 현황 ♡'을 입력하고 Enter 키를 누릅니다.

> ✓ **TIP** 다양한 특수문자 입력
>
> 한글 자음(ㄱ, ㄴ, ㄷ~ㅎ)을 입력하고 한자 키를 누르면 다양한 종류의 특수문자를 입력할 수 있습니다.

5. [A3] 셀을 클릭한 후, '날짜'를 입력하고 → 방향키를 누릅니다.

6. 이어서, [B3] 셀에 '수입'을 입력하고 → 방향키 2번, [D3] 셀에 '지출'을 입력하고 Enter 키를 누릅니다.

7. 위와 같은 방법으로 나머지 셀에도 그림과 같이 데이터를 각각 입력해 줍니다.

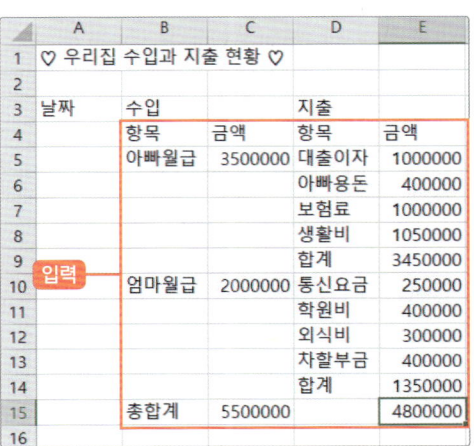

> ✓ **TIP** 데이터 입력 후 이동
>
> 셀에 데이터를 입력한 후 Enter 키 또는 방향키(↑, ↓, →, ←)를 누르면 입력과 동시에 다른 셀로 이동할 수 있습니다.

8. [B3] 셀을 클릭한 후, 수식 입력줄의 '수입' 뒤에 커서를 위치시키고 한자 키를 누릅니다.

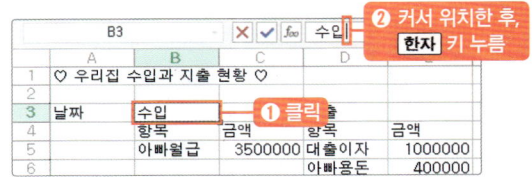

9. [한자로 바꾸기] 대화상자가 나오면 한자 선택에서 '收入'을 선택한 후, 입력 형식에서 '한글(漢字)'를 클릭하고 <바꾸기> 단추를 클릭합니다.

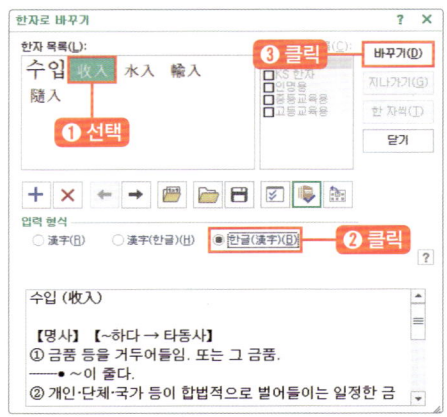

10. 이어서, [D3] 셀을 클릭한 후 수식 입력줄의 '지출' 뒤에 커서를 위치시키고 한자 키를 누릅니다.

11. 해당 한자 '支出'을 선택한 후, <바꾸기> 단추를 클릭하고 Enter 키를 누릅니다.

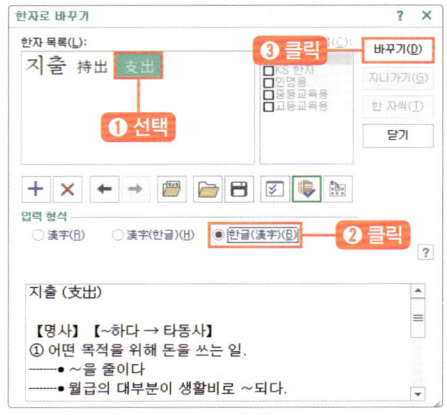

02 셀을 병합하고 글꼴 서식을 지정해 봅니다.

1. '셀 병합'이란 여러 개의 셀을 하나의 셀로 합치는 것을 말하며, [A1] 셀부터 [E1] 셀까지의 셀을 하나로 합치어 제목을 표시해 보도록 합니다.

2. [A1] 셀에서 [E1] 셀까지 드래그합니다. 이어서, [편집] 탭의 '병합()'의 목록 단추(▼)를 클릭한 후, '병합하고 가운데 맞춤' 아이콘을 클릭합니다.

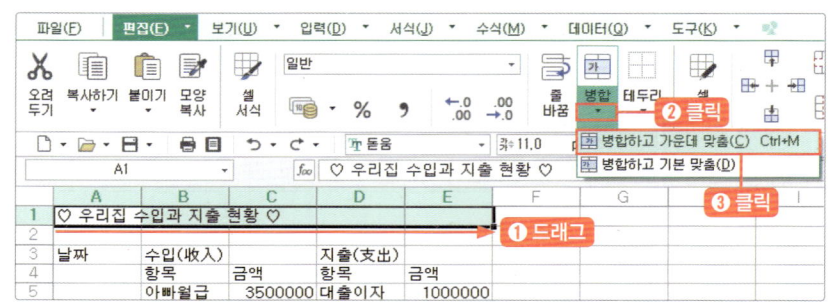

3. [A1] 셀부터 [E1] 셀까지 셀이 하나로 병합되었으면, [서식] 도구 상자에서 글꼴 서식을 변경합니다.

- 글꼴(궁서) → 글자 크기(18pt)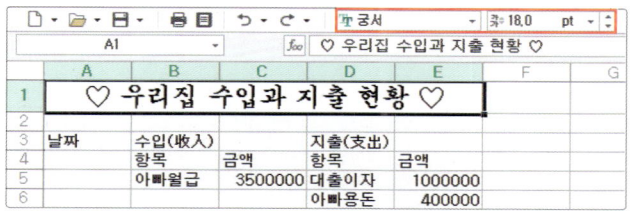

4. [A3] 셀부터 [A4] 셀까지 드래그한 후, **Ctrl** 키를 누른 상태에서 [B3:C3] 영역과 [D3:E3] 영역을 각각 드래그하여 블록으로 지정합니다.

5. [편집] 탭의 '병합(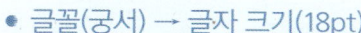)'의 목록 단추(▼)를 클릭한 후, '병합하고 가운데 맞춤' 아이콘을 클릭합니다.

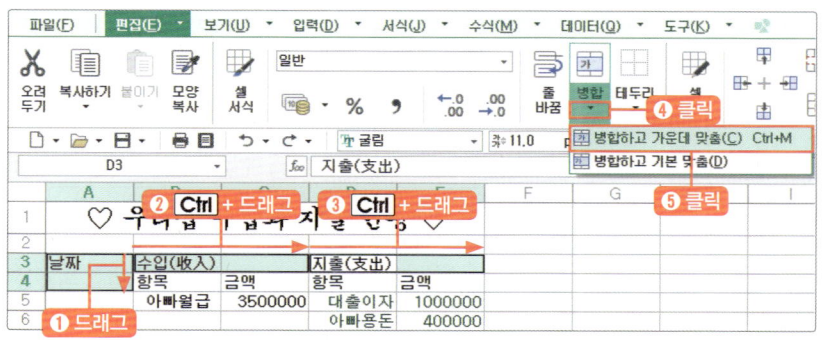

6. [B4] 셀부터 [E4] 셀까지 드래그하여 영역을 지정합니다. 이어서, **Ctrl** 키를 누른 상태에서 [B5], [B10], [B15], [D9], [D14] 셀을 각각 클릭합니다.

7. [서식] 도구 상자에서 '가운데 정렬(≡)' 아이콘을 클릭합니다.

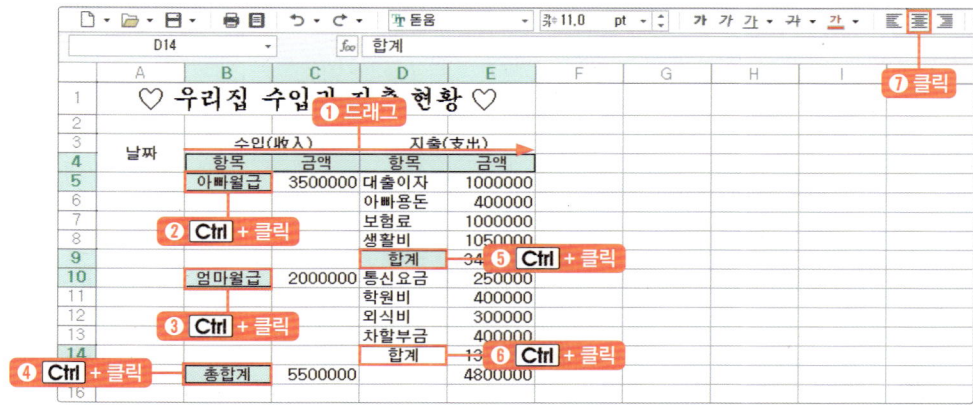

CHAPTER 01_우리집 수입과 지출 현황 만들기 **009**

8. [D5] 셀부터 [D8] 셀까지 드래그한 후, **Ctrl** 키를 누른 상태에서 [D10:D13] 영역도 드래그하여 블록으로 지정합니다.

9. [서식] 도구 상자에서 '오른쪽 정렬(≡)' 아이콘을 클릭합니다.

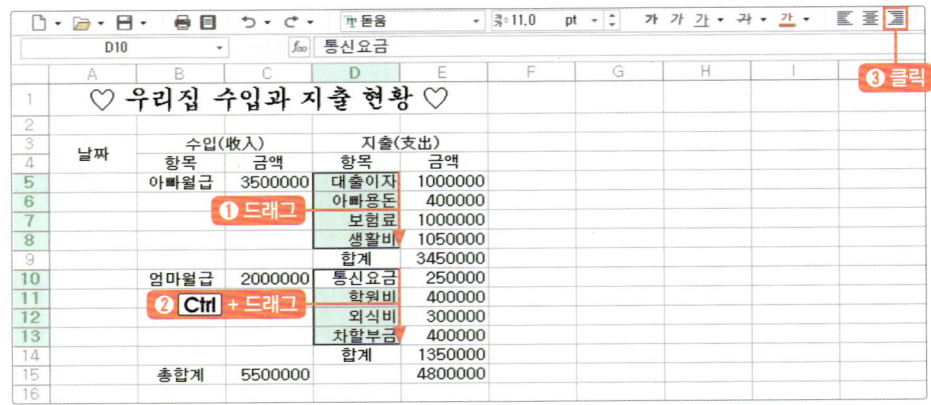

10. [A3] 셀부터 [E4] 셀까지 드래그하여 영역을 지정한 후, [서식] 도구 상자에서 글꼴 서식을 변경합니다.

- 글꼴(굴림) → 글자 색(빨강)

11. [B5] 셀부터 [C5] 셀까지 드래그하여 영역을 지정합니다. 이어서, **Ctrl** 키를 누른 상태에서 [B10:C10] 영역과 [B15:C15] 영역을 드래그한 후, [서식] 도구 상자에서 '진하게(가)' 아이콘을 클릭합니다.

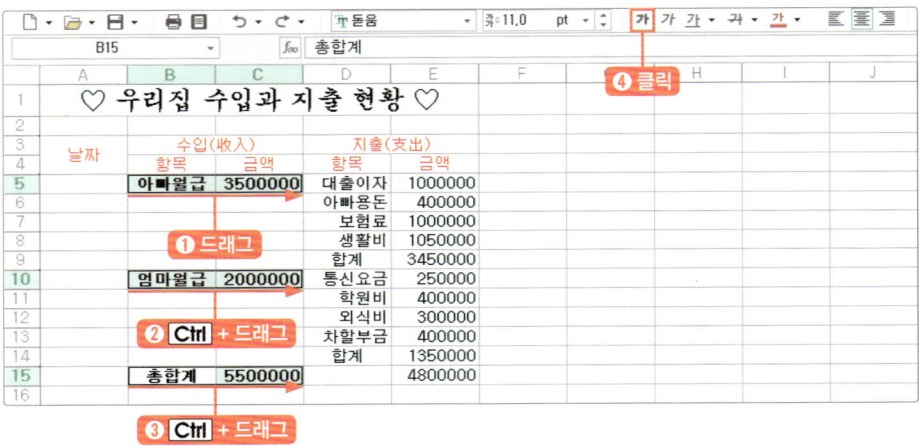

12. [D9:E9] 영역을 드래그한 후 Ctrl 키를 누른 상태에서 [D14:E14] 영역도 드래그합니다. 이어서, [서식] 도구 상자에서 글꼴 서식을 변경합니다.

    • 진하게(가) → 글자 색(보라)

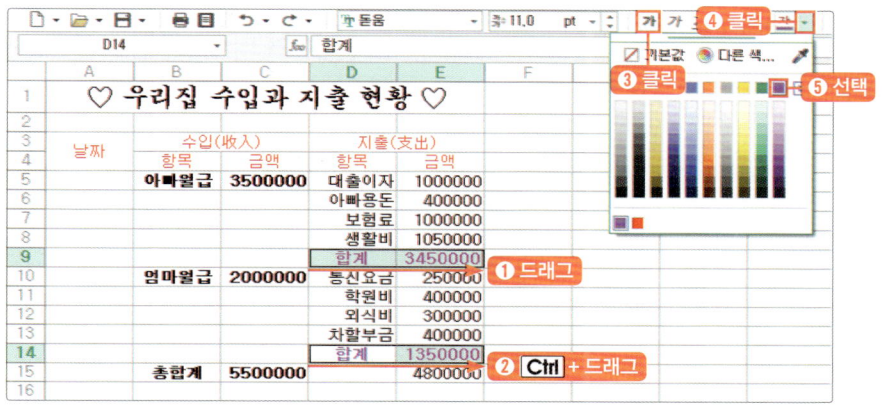

13. [D5:E8] 영역을 드래그한 후 Ctrl 키를 누른 상태에서 [D10:E13] 영역도 드래그합니다.

14. [서식] 도구 상자에서 '글자 색(가)' 아이콘의 목록 단추(▼)를 눌러 '초록 50% 어둡게'를 선택합니다.

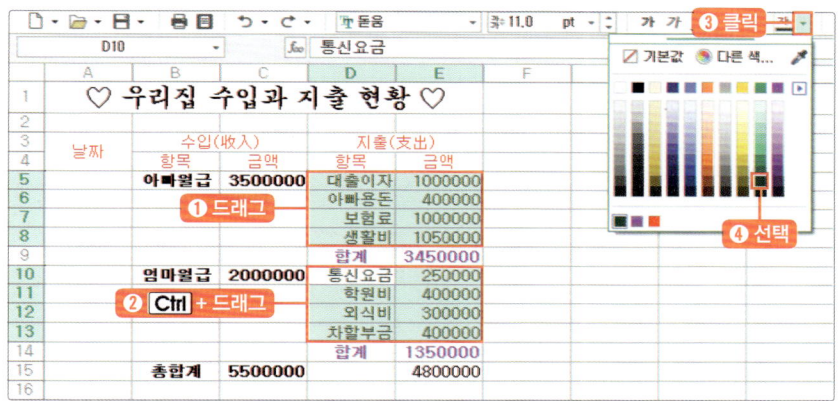

15. [E15] 셀을 클릭한 후, [서식] 도구 상자에서 '진하게(가)' 아이콘을 클릭한 후, '글자 색((가))' 아이콘의 목록 단추(▼)를 눌러 '주황 50% 어둡게'를 선택합니다.

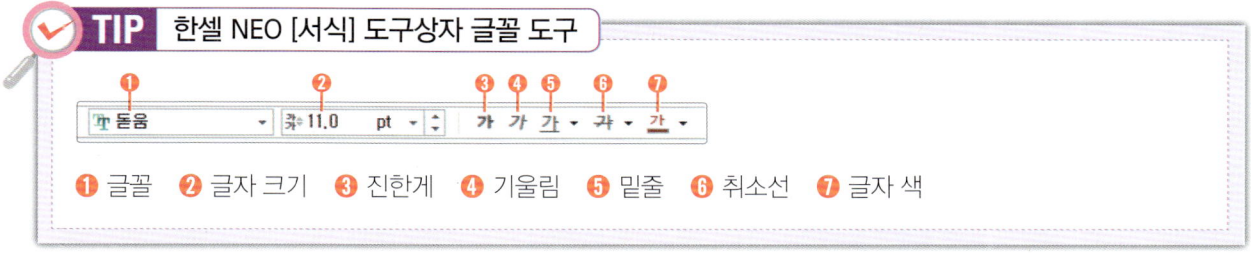

TIP 한셀 NEO [서식] 도구상자 글꼴 도구

❶ 글꼴 ❷ 글자 크기 ❸ 진하게 ❹ 기울림 ❺ 밑줄 ❻ 취소선 ❼ 글자 색

CHAPTER 01_우리집 수입과 지출 현황 만들기 **011**

03 작업 내용을 저장해 봅니다.

1. 모든 작업이 완료되면 [서식] 도구 상자에서 [저장(💾)]을 클릭합니다.

2. [다른 이름으로 저장하기] 대화상자가 나오면 바탕화면 또는 특정 드라이브에 본인의 폴더를 만들어 저장합니다.

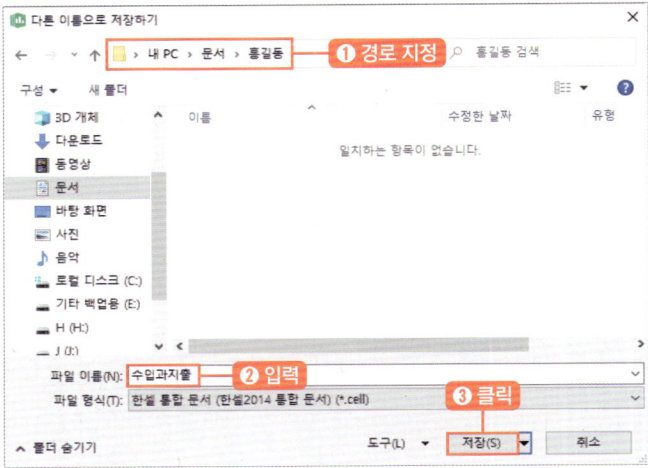

> **TIP 저장하기**
> - [빠른 실행 도구 모음] : 💾
> - 저장하기의 바로 가기 : **Ctrl** + **S**
> - [파일] 탭-[저장] 또는 [다른 이름으로 저장하기]을 클릭

미션 수행하기

미션 01 다음과 같이 서식을 지정해 봅니다.

📁 불러올 파일 : 시간표.cell   📄 완성된 파일 : 시간표(완성).cell

❶ [A1:F1] 영역 : 병합하고 가운데 맞춤, '글꼴(휴먼 모음T), 글자 크기(20), 진하게, 글자 색(파랑)' 지정

❷ [B6:B7], [C6:C7] 영역 : 병합하고 가운데 맞춤

❸ [A3:F3], [A4:A10] 영역 : '진하게' 지정

❹ 각 요일별 글꼴 색 지정
 – [B3:B9] : 빨강
 – [C3:C10] : 초록
 – [D3:D8] : 보라
 – [E3:E10] : 탁한 황갈 20% 밝게
 – [F3:F9] : 주황

❺ [A3:F10] 영역 : 가운데 정렬

CHAPTER 02 우리집 수입과 지출 현황 꾸미기

★사용기능 ✔ 불러오기 ✔ 쉼표 스타일 ✔ 셀 서식

완성작품 미리보기

📂 불러올 파일 : 수입과지출.cell   📄 완성된 파일 : 수입과지출-1(완성).cell

잠깐 영재 퀴즈 코너!

[문제] 다음 사각형 모서리의 숫자를 보고 사각형 안쪽의 □ 안에 들어갈 숫자를 맞춰보세요.

[정답]

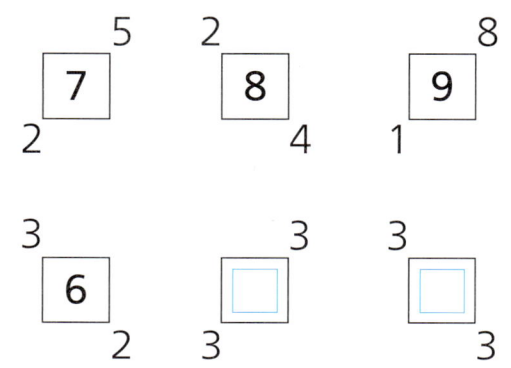

01 작업할 파일을 불러와 봅니다.

1. 한셀 NEO 프로그램을 실행한 후 [불러오기(📂)]를 클릭합니다.

2. [불러오기] 대화상자가 나오면 [불러올 파일]-[02장] 폴더에서 '수입과지출.cell' 파일을 선택한 다음 <열기> 단추를 클릭하여 문서를 불러옵니다.

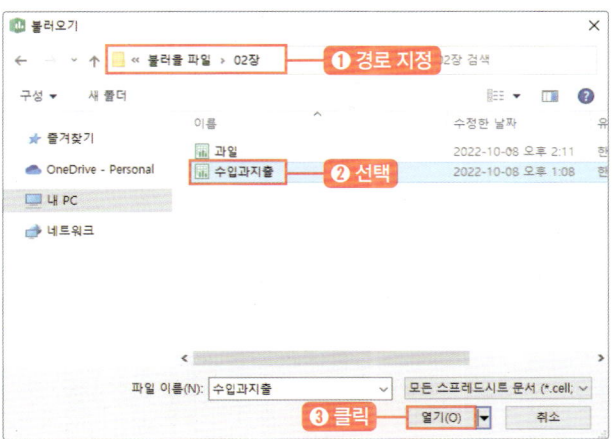

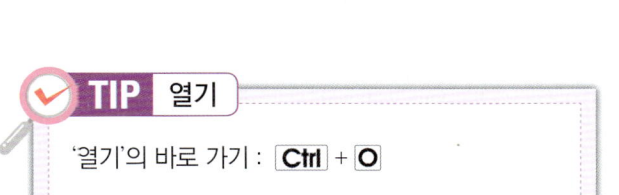

TIP 열기

'열기'의 바로 가기 : Ctrl + O

02 셀에 테두리 선을 지정해 봅니다.

1. [A3:E15] 영역을 드래그한 후, [편집] 탭에서 '테두리(▦)' 아이콘의 목록 단추(▼)를 눌러 '모두 적용(⊞)'을 선택합니다.

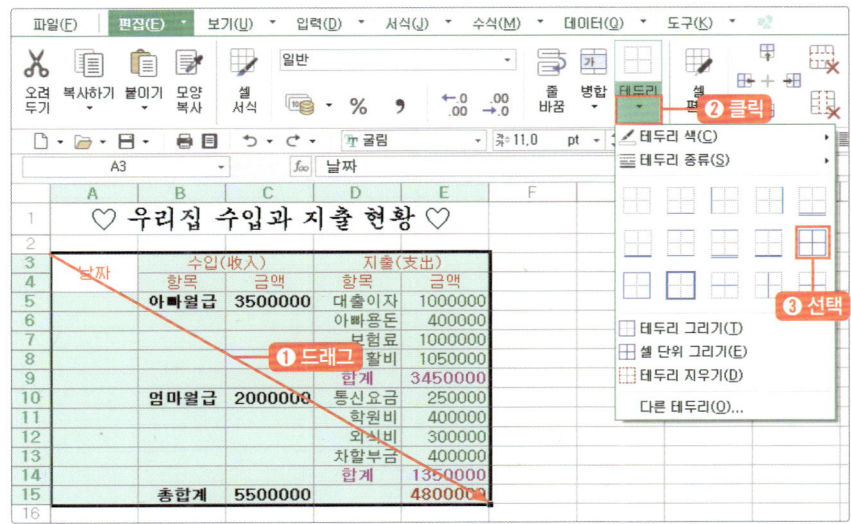

2. [셀 서식]의 바로 가기 키인 Ctrl + 1 키를 누른 후, [테두리] 탭을 클릭합니다. 이어서, '테두리 종류(가장 굵은 선(━))', '바깥쪽(▣)'을 선택하고 <설정> 단추를 클릭합니다.

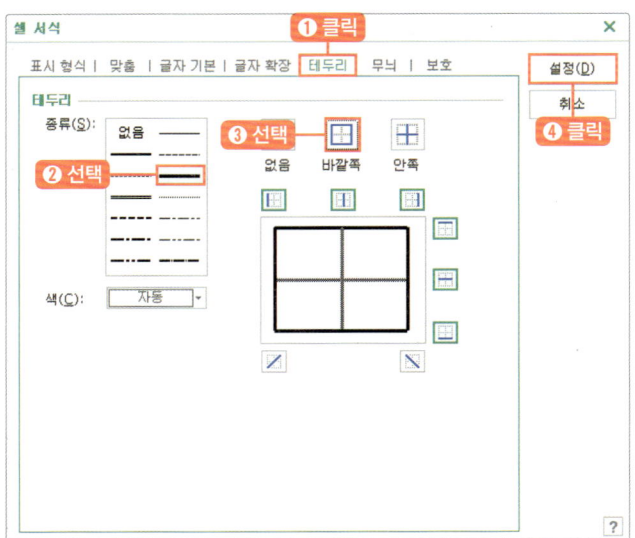

3. [A3:E4] 영역을 드래그한 후. Ctrl + 1 키를 눌러 [셀 서식] 대화상자가 나오면 '테두리 종류(가장 굵은 선(━))', '아래(▣)'를 선택하고 <설정> 단추를 클릭합니다.

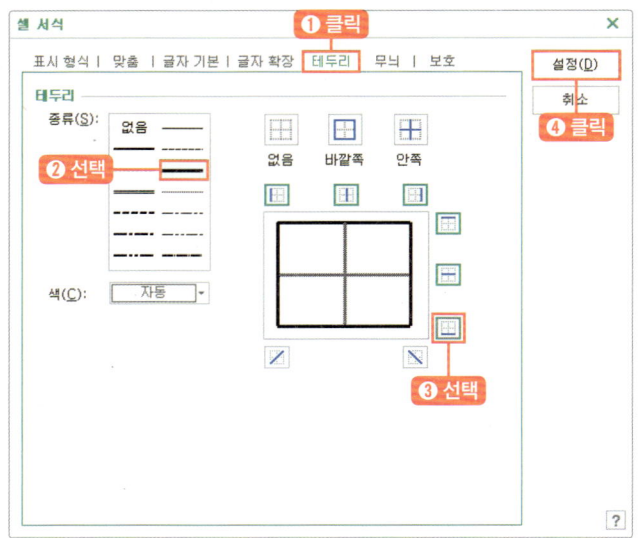

4. [A9:E9] 영역을 드래그한 후. Ctrl + 1 키를 눌러 [셀 서식] 대화상자가 나오면 '테두리 종류(이중 선(═))', '아래(▣)'를 선택하고 <설정> 단추를 클릭합니다.

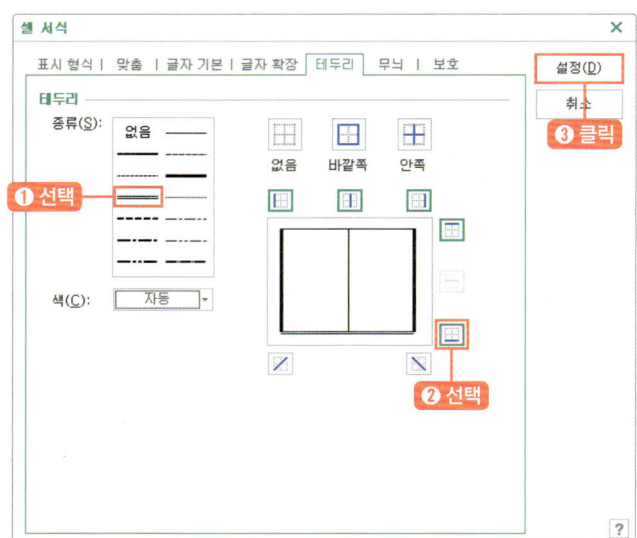

5. [D15] 셀을 클릭한 후, Ctrl + 1 키를 눌러 [셀 서식] 대화상자가 나오면 '테두리 종류(가는 선(———))', '대각선(◩), (◪)'을 선택하고 <설정> 단추를 클릭합니다.

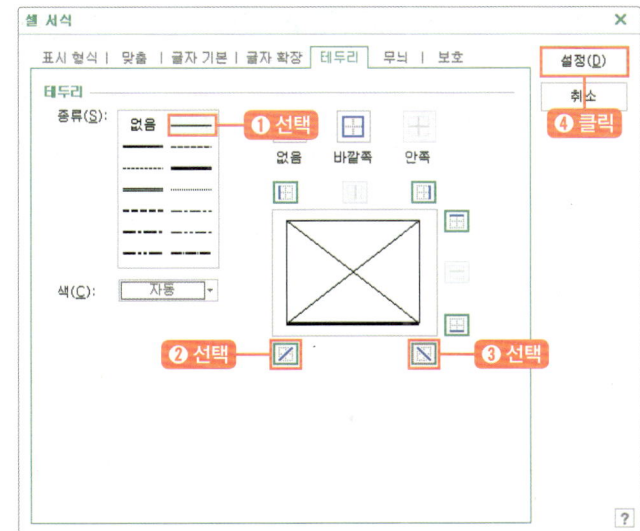

6. 다음과 같이 수입과 지출 현황 표에 테두리 선이 지정된 것을 확인합니다.

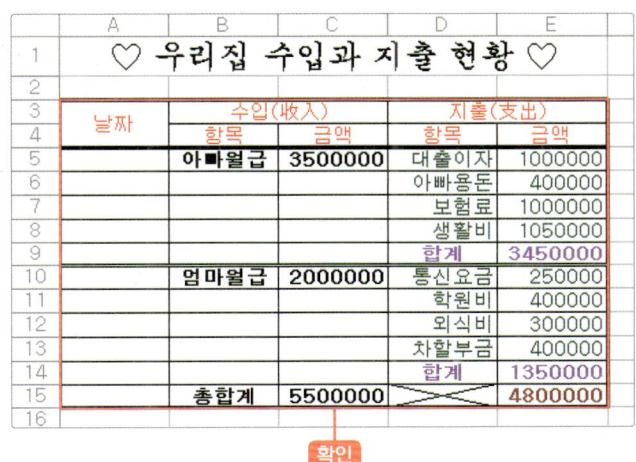

셀에 서식을 지정하고 무늬 색 및 무늬 스타일을 지정해 봅니다.

1. 금액에 세자리마다 쉼표(,)를 지정하기 위하여 [C5] 셀을 클릭하고 **Ctrl** 키를 누른 상태에서 [C10], [C15] 셀을 클릭합니다. 이어서, [E5:E15] 영역도 드래그하여 범위를 지정한 후, [서식] 탭에서 '쉼표 스타일(,)' 아이콘을 클릭합니다.

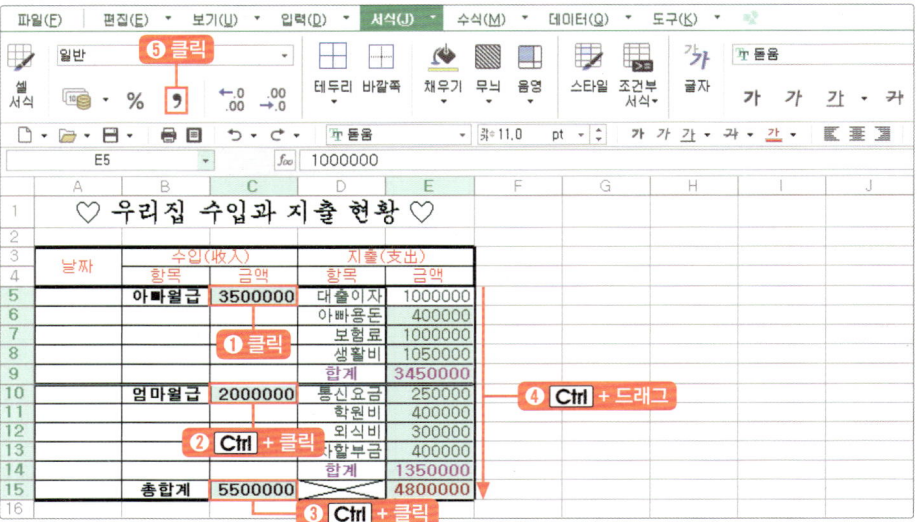

2. [A5:A15] 영역에 무늬 색과 무늬 스타일을 지정하기 위해서 드래그한 후, **Ctrl** + **1** 키를 누릅니다.

3. [무늬] 탭을 클릭한 후, '무늬 색(탁한 황갈 60% 밝게)'과 '무늬 모양(대각선 줄)'을 지정하고 <설정> 단추를 클릭합니다.

 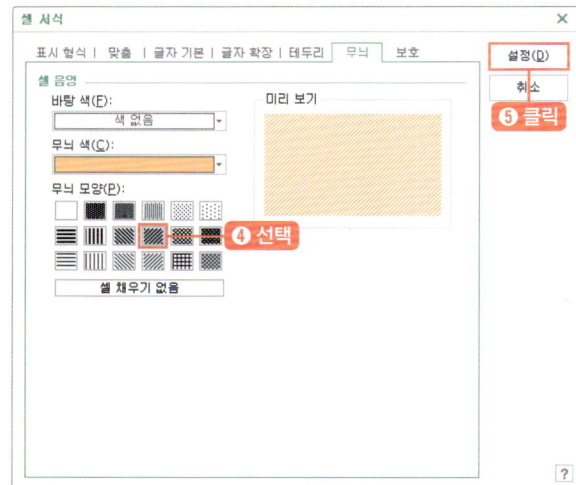

4. [A5:A15] 영역에 무늬 색과 무늬 모양이 지정된 것을 확인합니다.

각 항목에 색상을 지정해 봅니다.

1. [A3:E4] 영역을 드래그한 후, [서식] 도구 상자에서 '글자 색(갸)' 아이콘의 목록 단추(▼)를 눌러 '하양'을 선택합니다.

2. 이어서, '채우기( )' 아이콘의 목록 단추(▼)를 눌러 '파랑 30% 밝게'를 선택합니다.

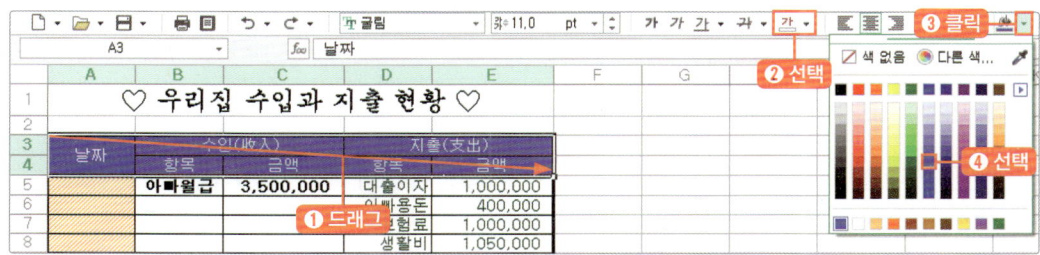

3. [B5 E8] 영역을 드래그한 후, [서식] 도구 상자에서 '채우기( )' 아이콘의 목록 단추(▼)를 눌러 '초록 40% 밝게'를 선택합니다.

4. [B10:E13] 영역을 드래그한 후, [서식] 도구 상자에서 '채우기( )' 아이콘의 목록 단추(▼)를 눌러 '파랑 60% 밝게'를 선택합니다.

5. [B15:E15] 영역을 드래그한 후, [서식] 도구 상자에서 '글자 색(갸)' 아이콘의 목록 단추(▼)를 눌러 '하양'을 선택합니다.

6. 이어서, '채우기(▲)' 아이콘의 목록 단추(▼)를 눌러 '파랑 40% 밝게'를 선택합니다.

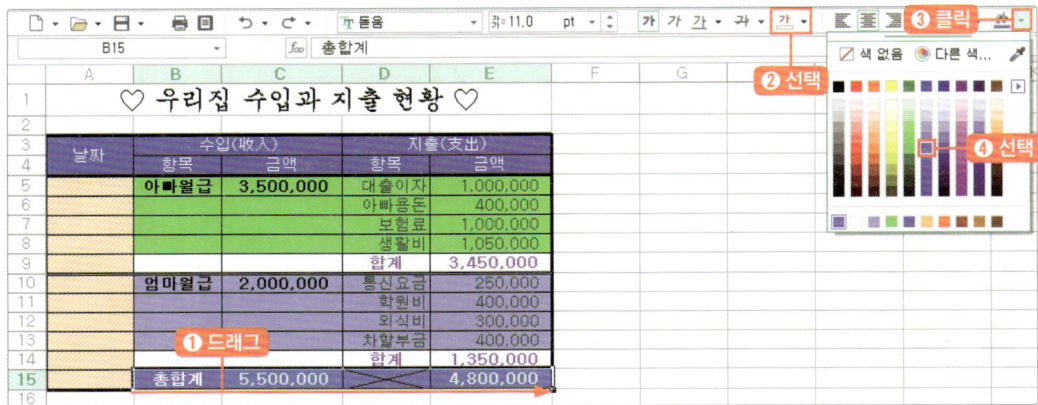

7. 모든 작업이 끝나면 [파일]-[다른 이름으로 저장하기]를 클릭합니다.

8. [다른 이름으로 저장하기] 대화상자가 나오면 본인의 폴더에 '수입과지출-1'로 저장합니다.

CHAPTER 02 미션 수행하기

미션 01 다음과 같이 테두리 선과 색을 채워보고 과일 이름을 알아봅니다.

📂 불러올 파일 : 과일.cell   📘 완성된 파일 : 과일(완성).cell

	A	B	C	D	E	F
2		색상별 과일 종류				
4	날짜	06월 22일	07월 22일	07월 23일	08월 24일	11월 26일
5	과일종류	람부탄	사과	레몬	햇사과	귤
6		포도	석류	골드키위	청포도	자몽
7		거봉	체리	참외	메론	천해향
8		블루베리	자두	바나나	개구리참외	오렌지
9		오디	앵두	망고	스위티	배
10						
11	과일이름은?	블루베리	석류	망고	청포도	자몽

① [A4:F11] 영역 : 테두리 모두 적용

② [A5:A10] 영역 : 채우기 색(주황)

③ [B5:B9] 영역 : 채우기 색(파랑 80% 밝게)

④ [C5:C9] 영역 : 채우기 색(빨강)

⑤ [D5:D9] 영역 : 채우기 색(노랑)

⑥ [E5:E9] 영역 : 채우기 색(초록 80% 밝게)

⑦ [F5:F9] 영역 : 채우기 색(주황 80% 밝게)

⑧ [B11:F11] 영역 : 해당 과일 이름을 목록에서 찾아 입력, 가운데 정렬

CHAPTER 03 형돈이네 재활용 처분하기

사용기능: ☑ 채우기 핸들 ☑ 사용자 정의 목록 ☑ 수정 ☑ 복사하기 ☑ 붙이기

📁 불러올 파일 : 재활용품.cell   📁 완성된 파일 : 재활용품(완성).cell

완성작품 미리보기

	A	B	C	D	E	F	G	H
1	9월 형돈이네 재활용 판매 수익금							
2								
3	구분	요일	종류	품목			무게(Kg)	수익금
4	1	월요일	종이류	신문지류	상자류	책	75	9,750
5	2	화요일	캔류	음료	주류	알루미늄	22	5,500
6	3	수요일	고철류	못	냄비	난로	33	11,979
7	4	목요일	병류	음료수병	주류병	약병	25	3,250
8	5	금요일	플라스틱류	음료패트	요구르트 용기	기타용기	11	1,100
9	6	토요일	의류&신발	각종의류	신발	이불	36	7,200
10				합계			202	38,779
11								
12			종류	수익금				
13			종이류	9,750				
14			캔류	5,500				
15			고철류	11,979				
16			병류	3,250				
17			플라스틱류	1,100				
18			의류&신발	7,200				

잠깐 영재 퀴즈 코너!

[문제] 다음 숫자가 들어간 표에서 주소 형식으로 값을 찾아서 계산한 값을 ☐ 안에 입력 하였습니다. 빈칸에 들어갈 숫자를 맞춰보세요.

	A	B	C	D	E
1	1	2	3	4	5
2	4	2	6	9	3
3	2	1	2	2	5
4	3	3	1	1	2
5	4	1	1	2	5

A2 B1 ☐6 D2 E5 ☐45
A5 B5 ☐5 D1 E2 ☐12
A3 B4 ☐   D5 E4 ☐

[정답]

01 자동 채우기로 데이터를 빠르게 입력 해 봅니다.

1. [A4] 셀의 숫자 '1'을 자동으로 증가시키면서 [A9] 셀까지 입력되도록 하기 위하여 [A4] 셀의 오른쪽 아래에 있는 점 '채우기 핸들(┿)'에 마우스 포인터를 위치시킵니다.

2. Ctrl 키를 누른 상태에서 마우스 포인터가 ┿ 모양으로 변경되면 [A9] 셀까지 드래그합니다.

3. [B4] 셀의 '월요일'이 자동으로 '화요일~토요일'로 변경되면서 [B9] 셀까지 입력되도록 하기 위하여 [B4] 셀의 오른쪽 아래에 있는 점 '채우기 핸들(┿)'에 마우스 포인터를 위치시킵니다.

4. 마우스 포인터가 ┿ 모양으로 변경되면 마우스 왼쪽 버튼을 누른 채 [B9] 셀까지 드래그합니다.

5. 다음과 같이 자동 채우기 결과가 표시된 것을 확인합니다.

TIP 자동 채우기 핸들(＋)의 사용

- 반복되는 문자열이나 연속되는 데이터를 자동으로 입력할 때 편리하게 사용할 수 있습니다.
  [예] 1월, 2월, 3월…, 월요일, 화요일, 수요일… 등
- 자동 채우기 핸들의 표시
  - 채우기 핸들에 마우스 포인터를 위치시키면 ＋가 표시됩니다.
  - Ctrl 키를 누른 채 채우기 핸들에 마우스 포인터를 위치시키면 ＋가 표시됩니다.
- 숫자가 입력된 셀의 채우기 핸들을 드래그 할 경우
  - 숫자가 그대로 복사됩니다.
  - Ctrl 키를 누른 채 드래그 할 경우 1씩 증가되면서 자동 채우기가 실행됩니다.
- [불러올 파일]-[03장] 폴더에서 '채우기예제.cell' 파일을 불러온 후, 채우기 핸들을 연습해 봅니다.

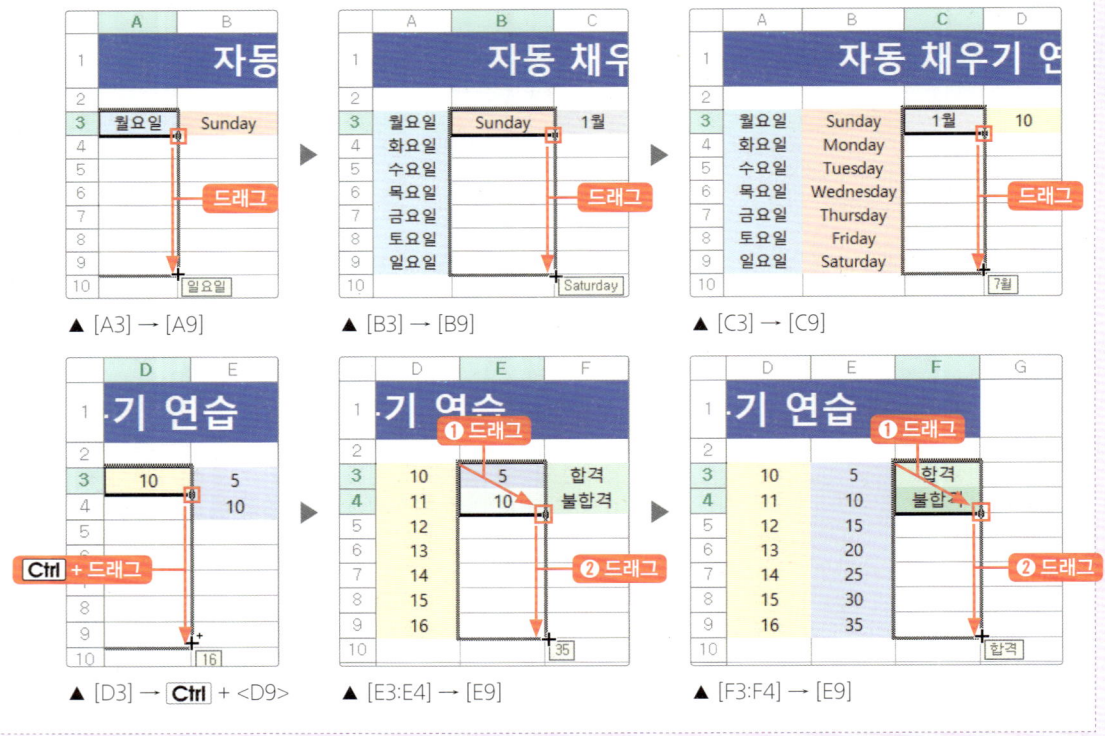

TIP 사용자 정의 목록을 만들어 자동 채우기 실행

- [사용자 정의 목록]에 수록된 데이터를 입력한 후, 채우기 핸들을 드래그 할 경우 [사용자 정의 목록]에 입력된 순서대로 표시됩니다.
- 요일(일요일~토요일), 월(1월~12월), 분기(1사분기~4사분기) 또는 사용자가 직접 입력한 데이터를 순서대로 입력하고자 할 때 유용하게 사용할 수 있습니다.
  - [도구] 탭의 [환경 설정]에서 [사용자 정의 목록]을 클릭합니다.
  - 목록 항목에 다음과 같이 친구의 이름 '이유림, 박은채, 김나영, 유서진, 남은진'을 차례대로 입력한 후, <추가(＋)> 단추를 클릭합니다.

- [사용자 정의 목록]에 추가한 항목이 표시된 것을 확인한 후, <설정> 단추를 클릭합니다.

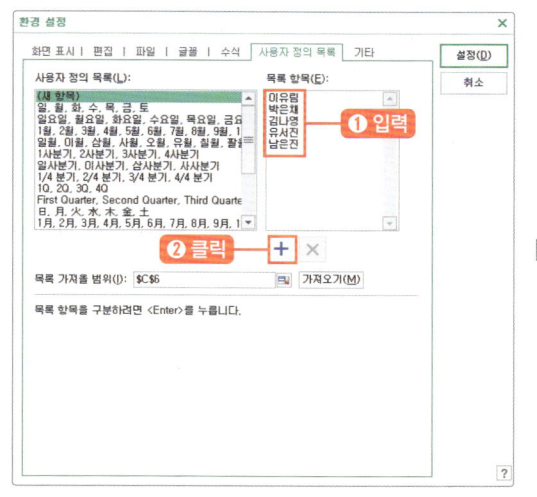 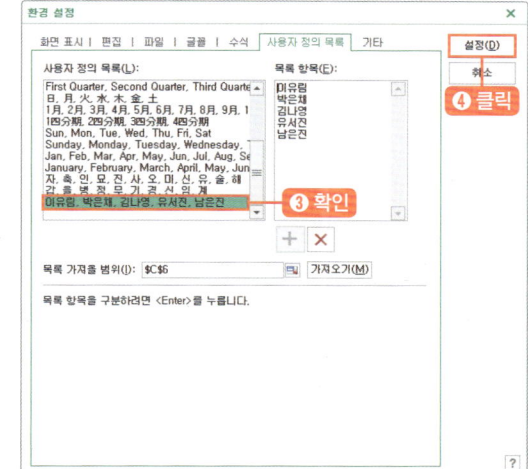

- [B2] 셀에 '이유림'을 입력한 후, [B6] 셀까지 채우기 핸들을 드래그하여 입력한 순서대로 데이터가 자동으로 채워지는 것을 확인합니다.

02 입력된 데이터를 수정해 봅니다.

1. [D4] 셀에 입력된 '신문지'를 '신문지류'로 변경하기 위하여 [D4] 셀을 클릭합니다.

2. F2 키를 누른 후, 커서가 '신문지'의 '지'자 뒤에서 깜박이면 '류'를 입력하고 Enter 키를 누릅니다.

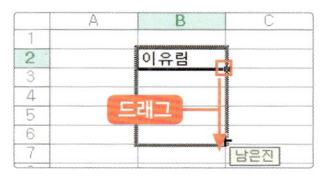 

CHAPTER 03_형돈이네 재활용 처분하기 **025**

3. [F5] 셀에 입력된 '알미늄'을 '알루미늄'으로 수정하기 위하여 [F5] 셀을 클릭한 후, 수식 입력줄에서 '알'자 다음을 클릭한 다음 '루'를 입력하고 Enter 키를 누릅니다.

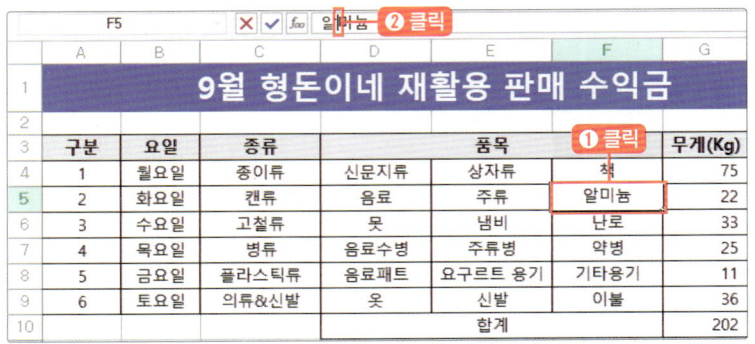

4. [D9] 셀에 입력된 '옷'을 '각종의류'로 수정하기 위하여 [D9] 셀을 클릭한 후, '각종의류'를 입력하고 Enter 키를 누릅니다.

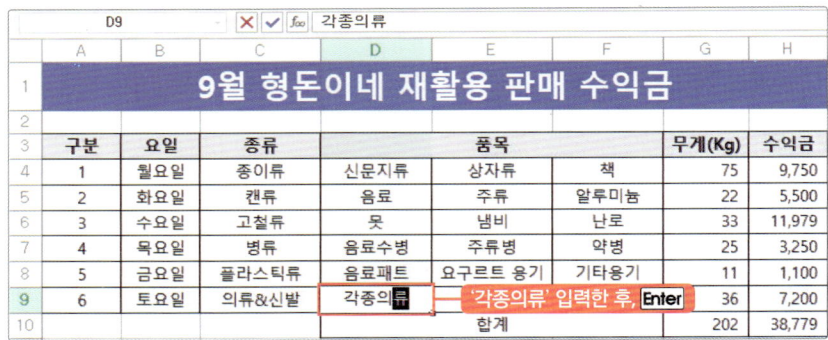

TIP 데이터 수정

- 부분 수정 방법
  - 해당 셀에 셀 포인터를 위치시킨 후 F2 키를 누르고 셀에서 직접 수정합니다.
  - 수식 입력줄을 클릭한 후, 수정합니다.
  - 해당 셀을 더블 클릭한 후, 셀에서 직접 수정합니다.
- 전체 수정 방법 : 셀 포인터를 해당 셀에 위치 시킨 후, 데이터를 다시 입력합니다.

03 종류별 수익금을 복사한 후, 다른 위치에 붙여넣어 봅니다.

1. [C3:C9] 영역을 드래그한 후, [편집] 탭의 [복사하기(🗐)]를 클릭합니다.

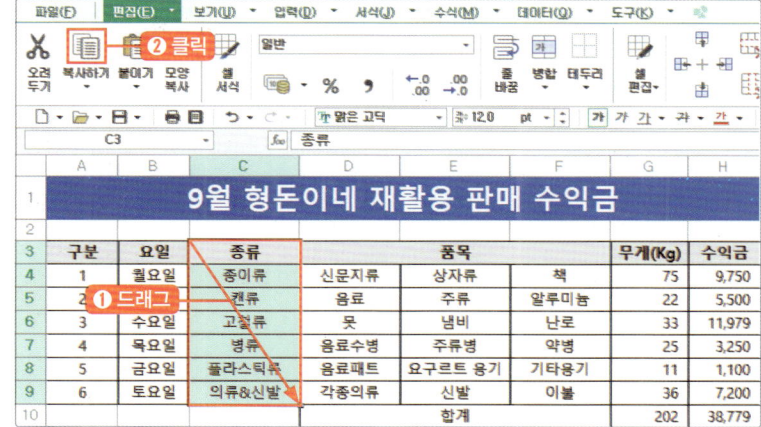

2. [C12] 셀을 클릭한 후, [편집] 탭의 [붙이기(🗐)]를 클릭합니다.

3. 이어서, 수익금이 입력된 [H3:H9] 영역을 드래그한 후, '복사하기'의 바로 가기 키인 Ctrl + C 키를 누릅니다.

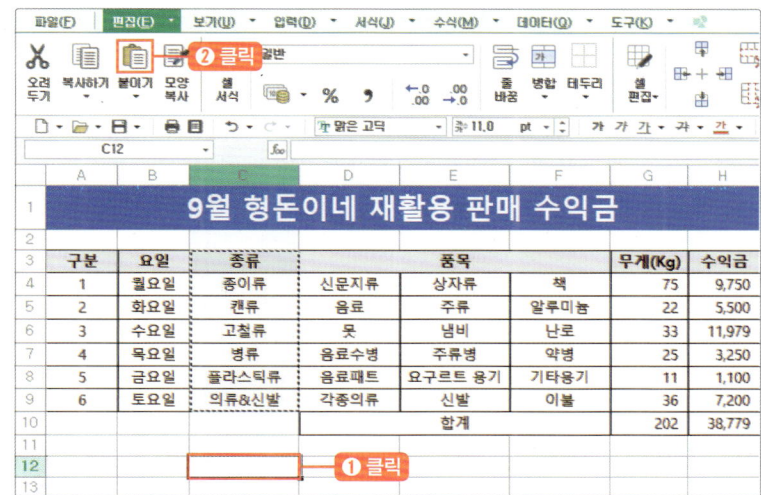

4. [D12] 셀을 클릭한 후, '붙이기'의 바로 가기 키인 Ctrl + V 키를 누릅니다.

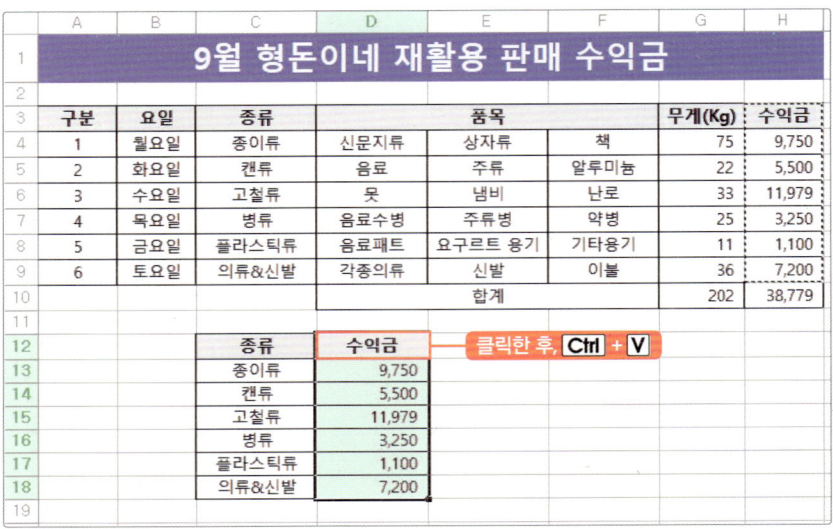

5. 모든 작업이 끝나면 [파일]-[다른 이름으로 저장하기]를 클릭합니다.

6. [다른 이름으로 저장하기] 대화상자가 나오면 본인의 폴더에 '재활용품-1'로 저장합니다.

> ✅ **TIP** 복사하기 / 오려두기 / 붙이기
>
> - [편집] 탭의 [복사하기(📋)]
>   - 입력된 데이터와 동일한 데이터를 하나 더 만들어 낼 때 사용(Ctrl + C 키)
>   - 마우스 이용 : 복사할 데이터의 셀 테두리를 Ctrl 키를 누른 채 마우스로 드래그
> - [편집] 탭의 [오려두기(✂)]
>   - 입력된 데이터를 이동할 때 사용(Ctrl + X 키)
>   - 마우스 이용 : 이동할 데이터의 셀 테두리를 마우스로 드래그
> - [편집] 탭의 [붙이기(📋)]
>   - '오려두기'나 '복사하기'한 데이터를 현재 위치에 붙이고자 할 때 사용(Ctrl + V 키)

CHAPTER 03 미션 수행하기

미션 01 자동 채우기를 이용하여 다음과 같이 입력해 봅니다.

📁 불러올 파일 : 자동채우기.cell   💾 완성된 파일 : 자동채우기(완성).cell

① 결과 그림처럼 자동 채우기 실행
② [A3:B3], [C3:D4] 영역 지정 후, 자동 채우기 실행

	A	B	C	D
1	6월 2일(월) ~ 6월 8일(일) 봉사활동 일정			
2				
3	6월 2일	월요일	10명 참가	
4	6월 3일	화요일	12명 참가	특별
5	6월 4일	수요일	10명 참가	
6	6월 5일	목요일	12명 참가	특별
7	6월 6일	금요일	10명 참가	
8	6월 7일	토요일	12명 참가	특별
9	6월 8일	일요일	10명 참가	

미션 02 다음과 같이 데이터를 복사한 후, 내용을 편집해 봅니다.

📁 불러올 파일 : 지출내역.cell   💾 완성된 파일 : 지출내역(완성).cell

① [A3:A10] 영역 복사하기, [A12] 셀에 붙이기
② [H3:H10] 영역 복사하기, [B12] 셀에 붙이기
③ [A7], [A16] 셀 : '쿠키'를 '과자'로 변경
④ [A4], [A13] 셀 : '용품'을 '학용품'으로 변경

	A	B	C	D	E	F	G	H
1	진구의 상반기 지출현황							
2								
3	항목	1월	2월	3월	4월	5월	6월	합계
4	학용품	15,000	5,000	3,500	4,000	2,500	2,000	32,000
5	햄버거	8,500	5,000	4,000	5,500	10,000	5,000	38,000
6	음료수	3,500	4,000	5,500	1,000	7,500	8,000	29,500
7	과자	15,000	1,000	5,000	3,500	6,000	6,000	45,500
8	친구선물	8,000	10,000	5,000	-	5,500	6,000	34,500
9	장난감	25,000	5,000	3,500	1,000	4,500	5,000	44,000
10	기타비용	3,000	2,500	1,500	1,000	2,000	3,000	13,000
11								
12	항목	합계						
13	학용품	32,000						
14	햄버거	38,000						
15	음료수	29,500						
16	과자	45,500						
17	친구선물	34,500						
18	장난감	44,000						
19	기타비용	13,000						

CHAPTER 04 튼튼한 미래를 위한 저축 상품 알아보기

사용기능 ✓ 표시 형식   ✓ 모양 복사

완성작품 미리보기

📁 불러올 파일 : 저축상품.cell   📁 완성된 파일 : 저축상품(완성).cell

	A	B	C	D	E	F	G	H	I
1				은행별 우리아이 저축상품 알아보기					
2									
3	저축상품명	방식	기본이율 (년)	우대이율 (년)	중도해지이율 (1년미만)	가입대상	가입금액 (월)	만기시 예상금액	가입기간
4	킹-어린이만세	일정금액	1.0%	4.0%	0.1%	18세미만	₩100,000	1,260,000	1년
5	(신)아이사랑	자유적립	4.0%	0.5%	1.0%	18세이하	₩ -	-	3년
6	우리아이튼튼	일정금액	4.1%	0.5%	1.0%	18세미만	₩ 50,000	3,138,000	5년
7	함박(자녀사랑)	일정금액	4.3%	0.4%	1.2%	18세이하	₩ 50,000	6,282,000	10년
8	주니어 적금	자유적립	4.0%	0.6%	1.3%	18세미만	₩ -	-	7년
9	씩씩한아이	일정금액	3.5%	1.0%	1.1%	18세이하	₩ 30,000	3,762,000	10년

잠깐 영재 퀴즈 코너!

[문제] 다음 ☐ 안에 더하기, 빼기, 곱하기, 나누기 부호를 넣어서 계산한 값이 나오도록 해보세요.

[정답]

12 ☐ 10 ☐ 2 = 60

20 ☐ 2 ☐ 12 = 22

01 셀에 표시 형식을 지정해 봅니다.

1. [C4:E9] 영역을 드래그한 후, **Ctrl** + **1** 키를 눌러 [셀 서식] 대화상자를 실행합니다.
   ※ [편집] 탭의 [셀 서식( )] 단추를 클릭해도 [셀 서식] 대화상자가 실행됩니다.

2. [셀 서식] 대화상자가 나오면 [표시 형식] 탭의 범주에서 '백분율'을 선택하고 소수 자릿수를 '1'로 지정한 후, <설정> 단추를 클릭합니다.

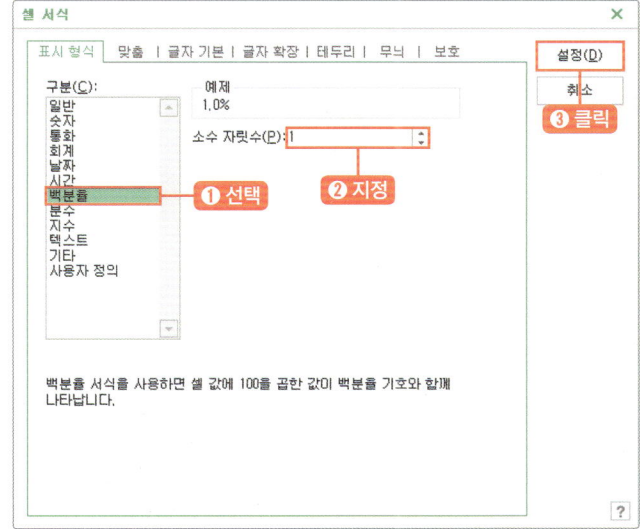

3. 다음과 같이 [C4:E9] 영역(기본이율(년), 우대이율(년), 중도해지이율(1년미만))에 백분율 표시 '%'와 소수 이하 '1'자리가 표시된 것을 확인할 수 있습니다.

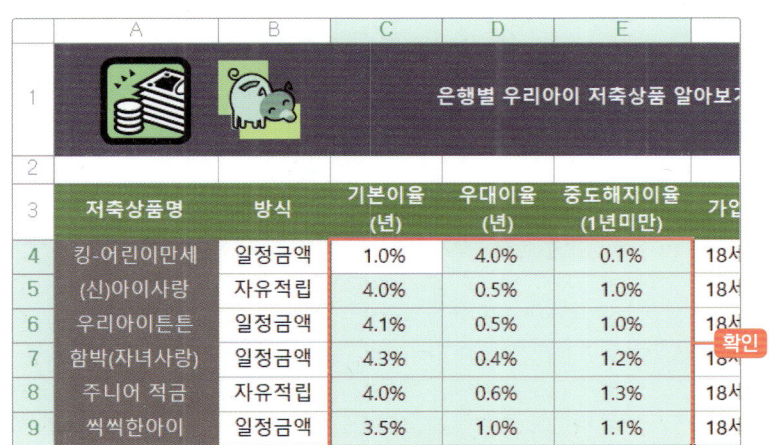

> **TIP** 백분율 스타일(%)의 지정
>
>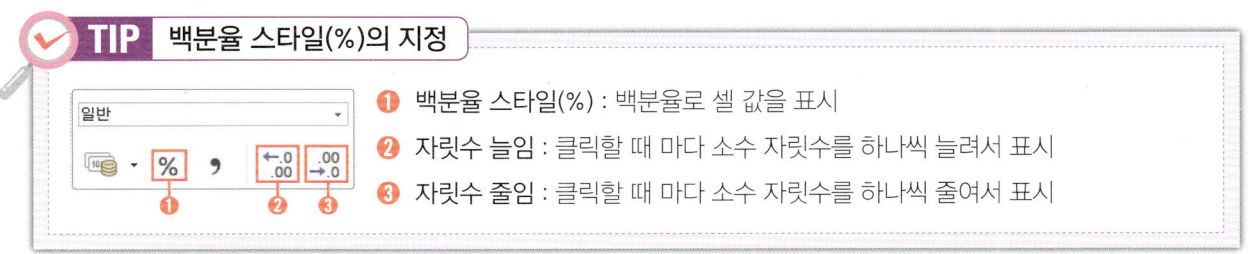
>
> ❶ 백분율 스타일(%) : 백분율로 셀 값을 표시
> ❷ 자릿수 늘임 : 클릭할 때 마다 소수 자릿수를 하나씩 늘려서 표시
> ❸ 자릿수 줄임 : 클릭할 때 마다 소수 자릿수를 하나씩 줄여서 표시

4. [G4:G9] 영역을 드래그한 후, Ctrl + 1 키를 눌러 [셀 서식] 대화상자를 실행합니다.

5. [표시 형식] 탭의 범주에서 '회계'와 기호에 '₩'를 각각 선택한 후 <설정> 단추를 클릭합니다.

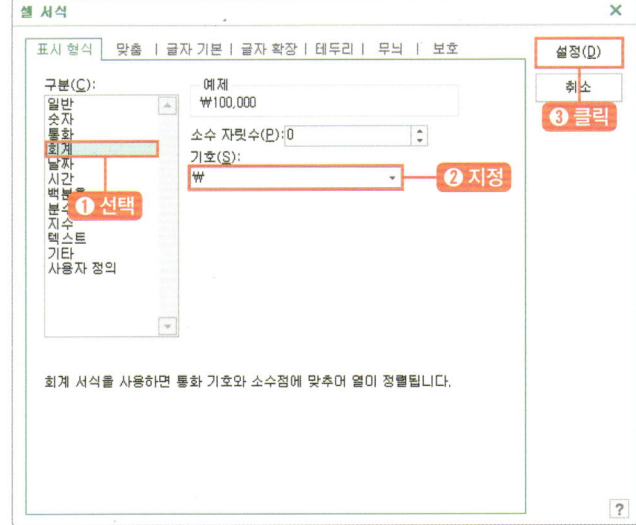

6. 다음과 같이 [G4:G9] 영역(가입금액(월))에 통화 기호 '₩'가 표시된 것을 확인할 수 있습니다.

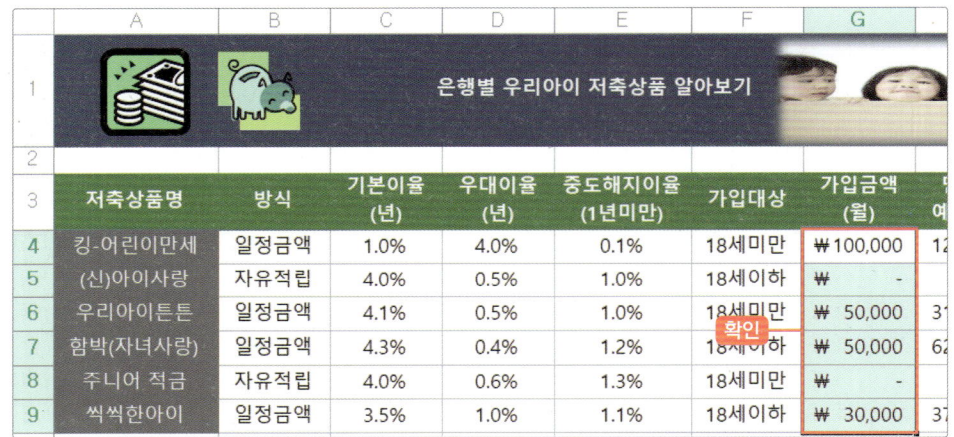

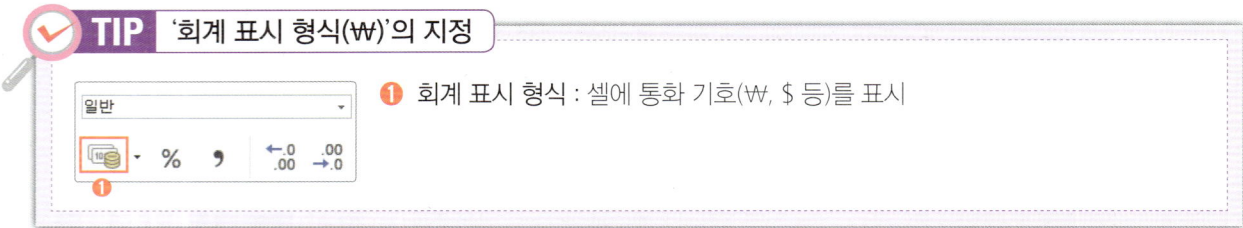

TIP '회계 표시 형식(₩)'의 지정

❶ 회계 표시 형식 : 셀에 통화 기호(₩, $ 등)를 표시

7. [H4:H9] 영역을 드래그한 후, [편집] 탭에서 '쉼표 스타일(,)' 아이콘을 클릭합니다.

8. [H4:H9] 영역(만기시 예상금액)에 1000 단위 구분 기호(,)를 사용하여 셀 값이 표시된 것을 확인할 수 있습니다.

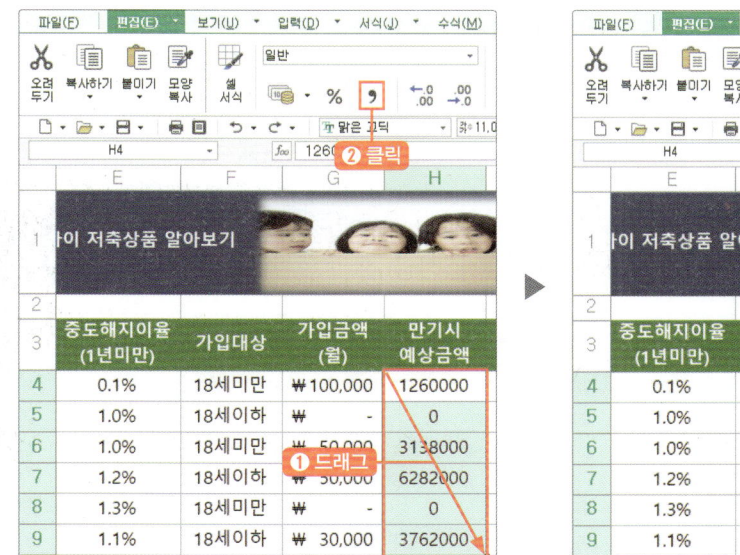

9. [I4:I9] 영역을 드래그한 후, **Ctrl** + **1** 키를 누릅니다.

10. [표시 형식] 탭의 범주에서 '사용자 정의'를 선택하고, 유형에 'G/표준"년"'을 입력한 후, <설정> 단추를 클릭합니다.

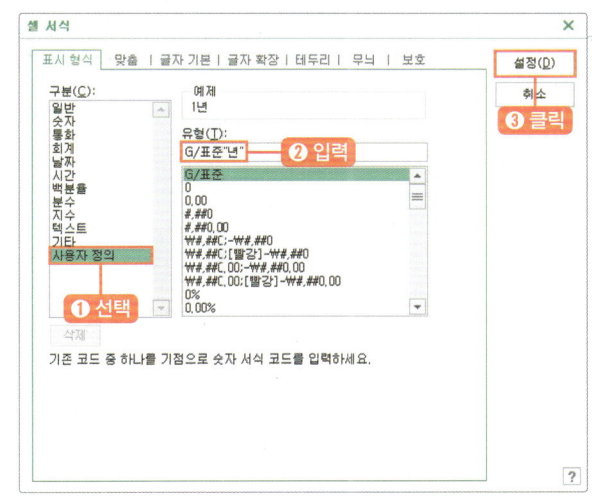

11. [I4:I9] 영역(가입기간)에 '년'이 표시된 것을 확인할 수 있습니다.

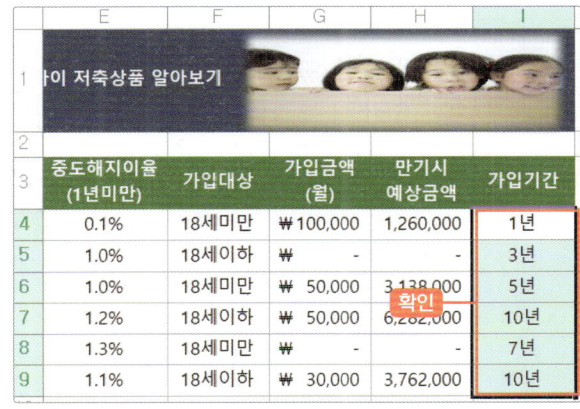

TIP [셀 서식]-[표시 형식] 탭의 '사용자 정의 서식'

사용자가 직접 서식을 작성하여 셀 값을 표시할 수 있습니다.

	A	B	C	D	E
1		입력 데이터	사용자 정의 서식		결과
2		샛별	@"초등학교"	⇨	샛별초등학교 ❶
3		장미	@"꽃"	⇨	장미꽃
4		2020	G/표준"년"	⇨	2020년
5		100000	#,###	⇨	100,000 ❷

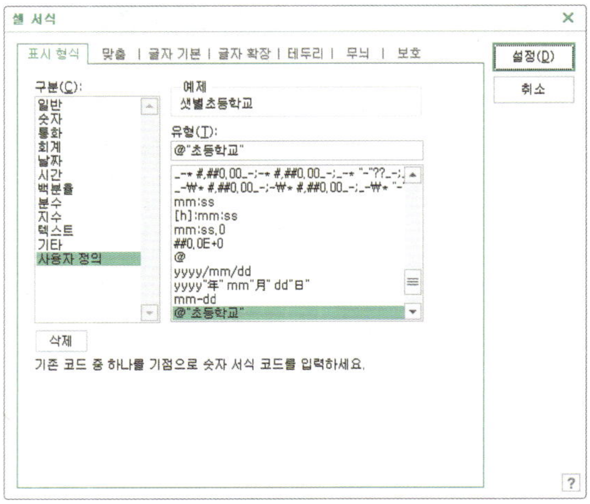

▲ ❶의 사용자 정의 서식 지정 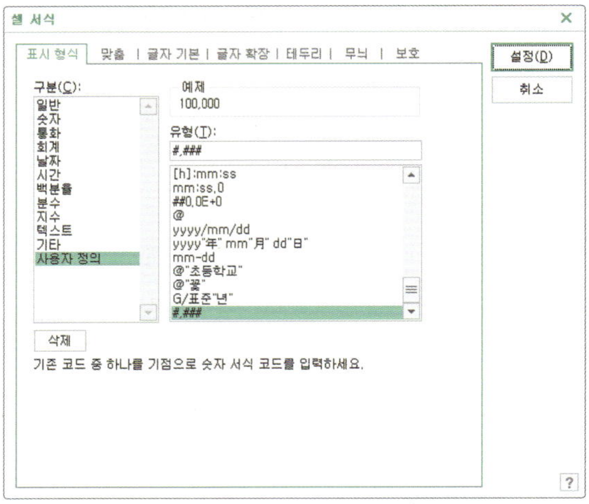 ▲ ❷의 사용자 정의 서식 지정

- 서식 기호 '@' : 사용자가 직접 서식을 작성하여 셀 값을 표시할 수 있습니다.
- 서식 기호 '#' : #의 자리에는 셀에 입력된 숫자가 적용되어 표시되며 콤마(,)는 숫자 3자리마다 ','를 표시하여 보여줍니다.

02 모양 복사 기능을 적용해 봅니다.

1. [A1] 셀에 지정된 서식을 [B4:B9] 영역에 적용하기 위하여 [A1] 셀을 클릭합니다.

2. [편집] 탭에서 '모양 복사( )' 아이콘을 클릭합니다.

3. [A1] 셀의 서식이 복사되면서 마우스 포인터의 모양이 로 변경됩니다.

4. [B4:B9] 영역을 드래그하여 복사한 서식을 지정합니다.

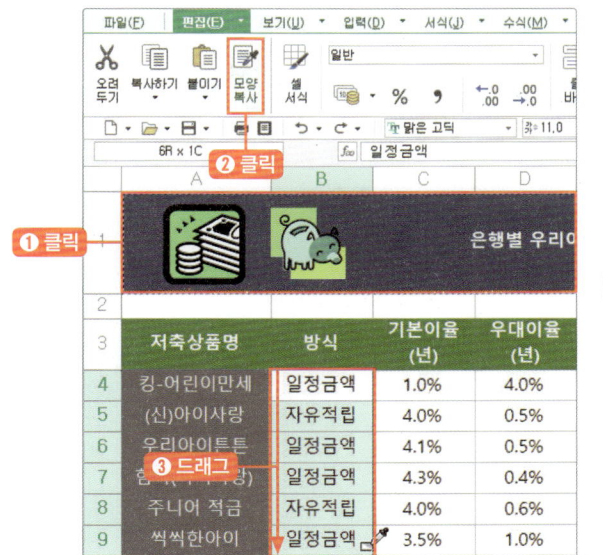 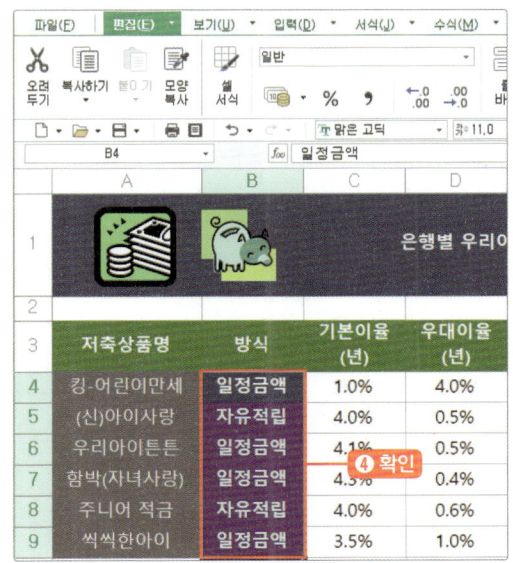

> **TIP** 모양 복사(📋)
>
> 특정 셀에 지정된 서식을 복사하여 다른 위치에 적용하는 기능으로 문서의 여러 위치에 동일한 서식을 적용할 때 주로 사용합니다.

5. 모든 작업이 끝나면 [파일]-[다른 이름으로 저장하기]를 클릭합니다.

6. [다른 이름으로 저장하기] 대화상자가 나오면 본인의 폴더에 '저축상품-1'로 저장합니다.

> **TIP** [서식]-[스타일] 기능
>
> ❶ 스타일에서 사용할 이름을 입력합니다.
> ❷ 스타일 이름을 목록에 추가합니다.
> ❸ 추가된 스타일 이름을 선택하고 속성을 수정합니다.
> ❹ 셀 서식을 지정합니다.
> ❺ 적용하고자 하는 셀 서식만 체크합니다.
>
>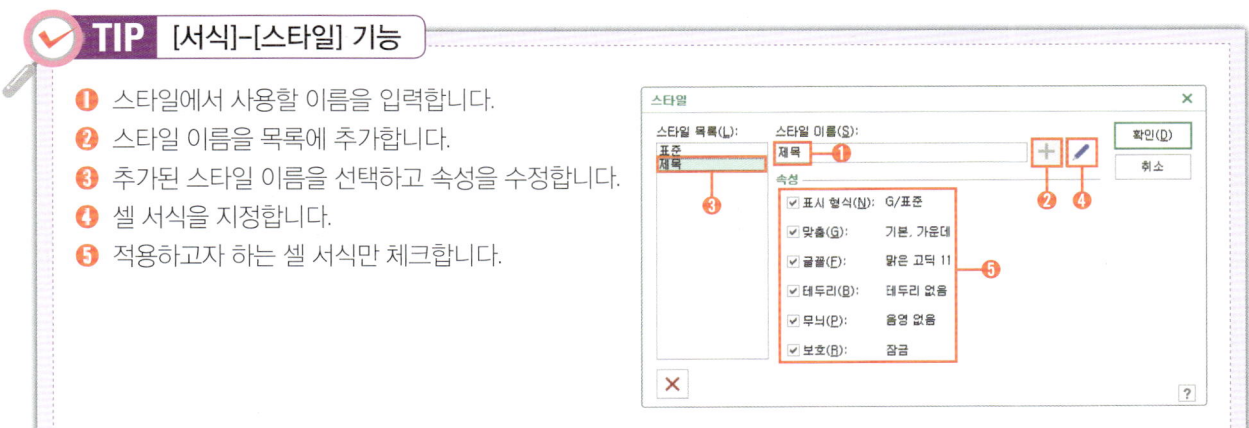

CHAPTER 04_튼튼한 미래를 위한 저축 상품 알아보기 **035**

※ 자주 사용하는 셀 서식(표시 형식, 맞춤, 글자 기본, 테두리, 무늬, 보호)등을 스타일로 지정하게 되면 셀 서식을 쉽게 적용할 수 있습니다.

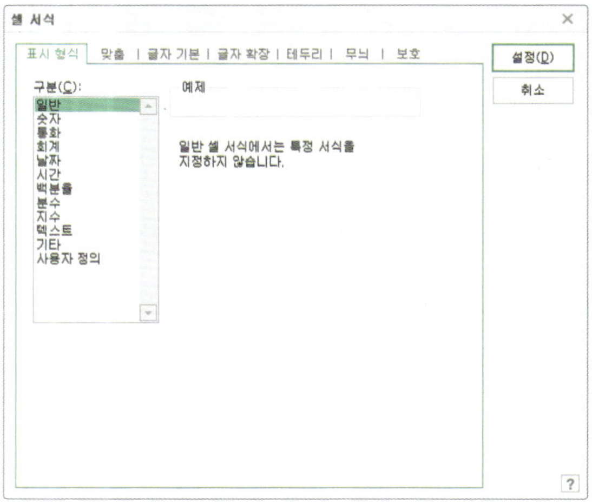

▲ [표시형식]

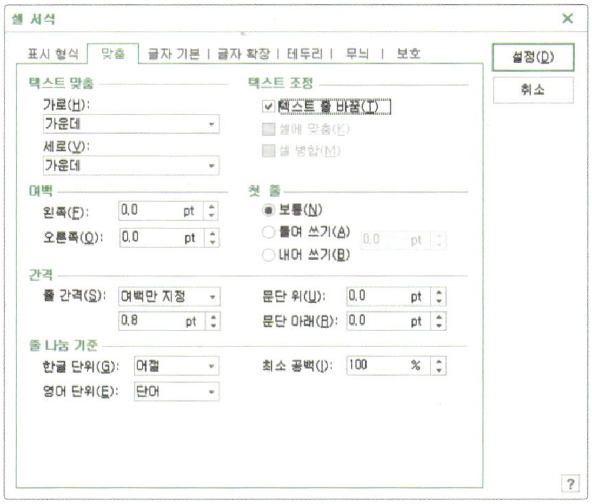

▲ [맞춤]

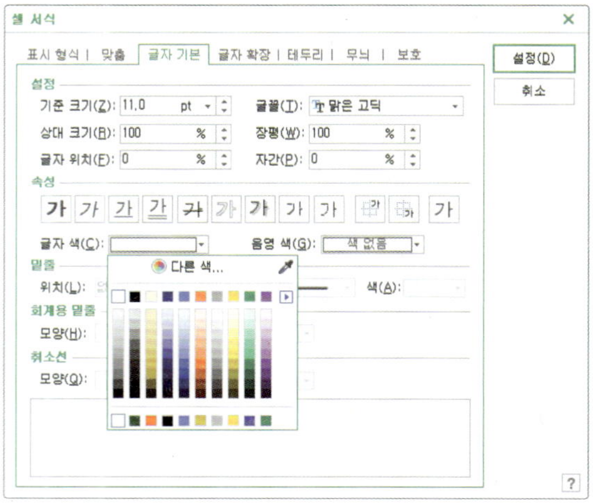

▲ [글자 기본]

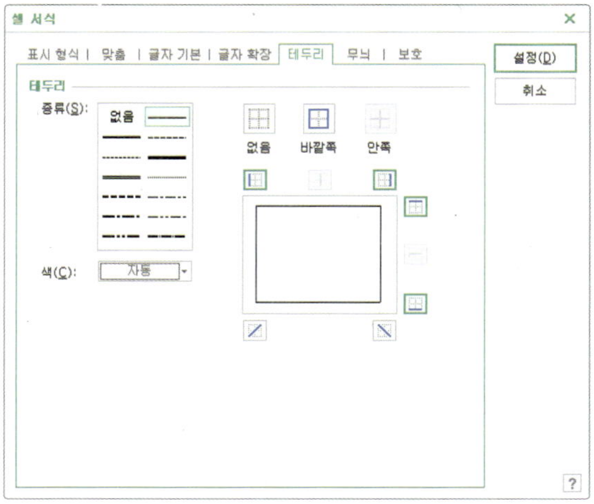

▲ [테두리]

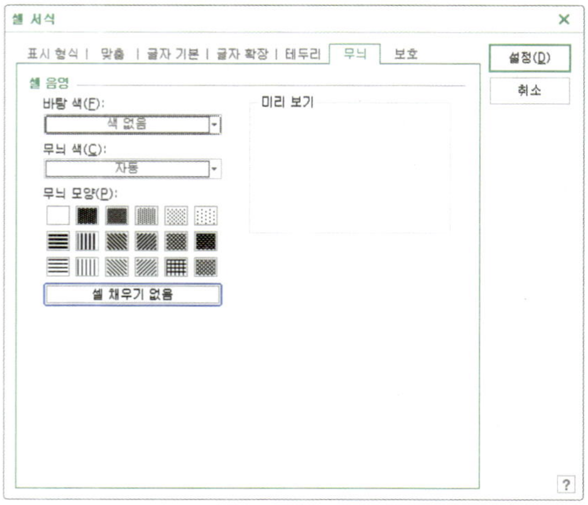

▲ [무늬]

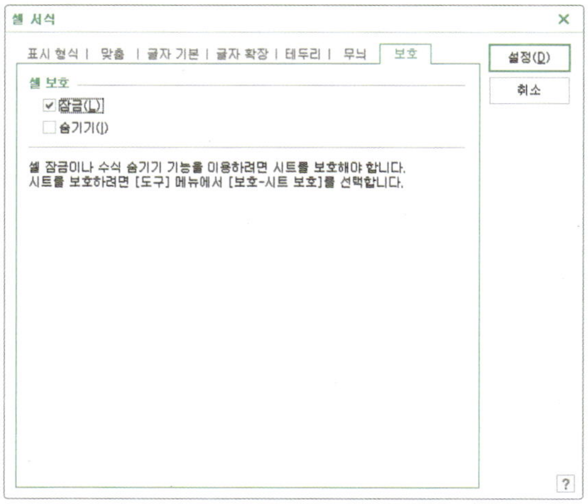

▲ [보호]

CHAPTER 04 미션 수행하기

미션 01 다음과 같이 서식을 지정해 봅니다.

📁 **불러올 파일** : 자선바자.cell   📄 **완성된 파일** : 자선바자(완성).cell

	A	B	C	D	E	F	G	H
1				형돈이의 자선바자 판매수익				
2								
3	구분	품목	구입시기	사용기간	수량	판매금액(개당)	판매수량	판매수익금
4	장난감	건담	2021년 5월	7개월	3개	3,000	1개	₩ 3,000
5		뽀로로	2021년 7월	5개월	2개	1,500	1개	₩ 1,500
6		레고	2021년 3월	9개월	5개	5,500	3개	₩ 16,500
7	학용품	10칸 공책	2021년 10월	새것	2개	500	0개	₩ -
8		지우개세트	2021년 11월	새것	3개	1,000	2개	₩ 2,000
9		필통	2021년 12월	새것	4개	1,500	2개	₩ 3,000

❶ [C4:C9] 영역 : [셀 서식]-[표시 형식]의 '날짜'에서 '2004년 10월' 서식 지정

❷ [D4:D6] 영역 : [셀 서식]-[표시 형식]의 '사용자 정의'에서 'G/표준"개월"' 지정

❸ [E4:E9], [G4:G9] 영역 : [셀 서식]-[표시 형식]의 '사용자 정의'에서 'G/표준"개"' 지정

❹ [F4:F9] 영역 : '회계' 서식 지정, **기호** : 없음

❺ [H4:H9] 영역 : '회계' 서식 지정, **기호** : ₩

❻ [A1] 셀 : '모양 복사' 기능을 이용하여 [A4:A9] 영역에 적용

저녁 식단표 만들기

사용기능: ✔ 열 너비 지정 ✔ 행 높이 지정 ✔ 행 삽입 ✔ 정렬 ✔ 서식 ✔ 도형 ✔ 클립아트 ✔ 복사 ✔ 행/열 바꾸기

완성작품 미리보기

📁 불러올 파일 : 식단표.cell   📗 완성된 파일 : 식단표(완성).cell

잠깐 영재 퀴즈 코너!

[문제] 다음 표의 가로줄의 규칙을 보고 ☐ 안에 들어갈 숫자를 맞춰보세요.

6	2	2	4
4	8	6	2
9	7	8	2
8	7	5	☐

[정답]

열 너비와 행 높이를 지정하고 빈 행을 삽입해 봅니다.

1. 워크시트에서 상단의 A, B, C, … 등 알파벳을 '열', 좌측의 1, 2, 3, … 등 숫자를 '행'이라 합니다.

2. [A] 열의 너비를 '1'로 [B]~[H] 열 까지의 너비를 '14'로 조절하기 위해 [A] 열 머리글(　A　)을 클릭합니다.

3. 마우스 오른쪽 단추를 눌러 [열 너비 지정]을 클릭합니다.

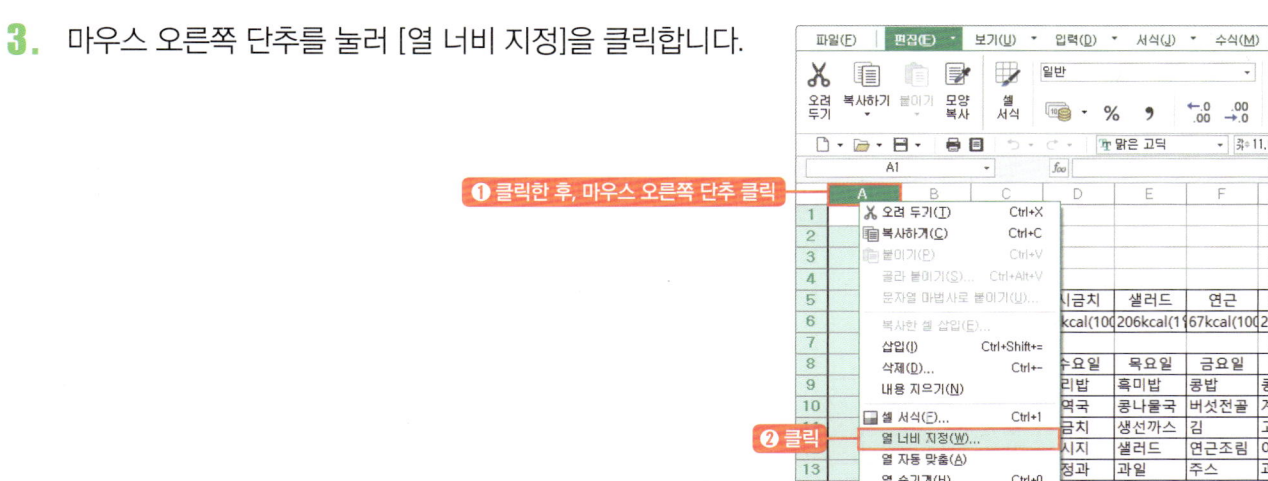

4. [열 너비] 대화상자가 나오면 '1'을 입력하고 <설정> 단추를 클릭합니다.

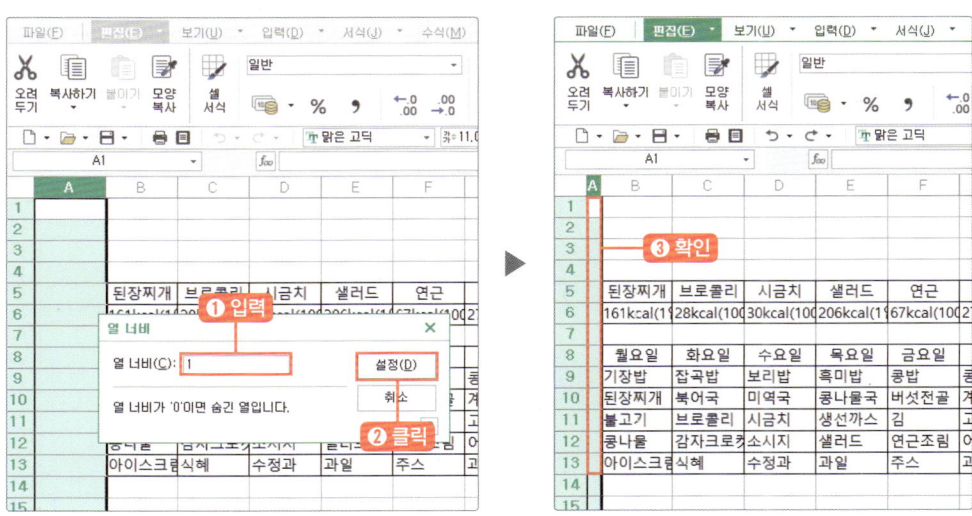

5. [B] 열 머리글에서 [H] 열 머리글까지 마우스 왼쪽 단추를 누른 채 드래그한 후, 마우스 오른쪽 단추를 눌러 [열 너비 지정]을 클릭합니다.

6. [열 너비] 대화상자가 나오면 '14'를 입력하고 <설정> 단추를 클릭합니다.

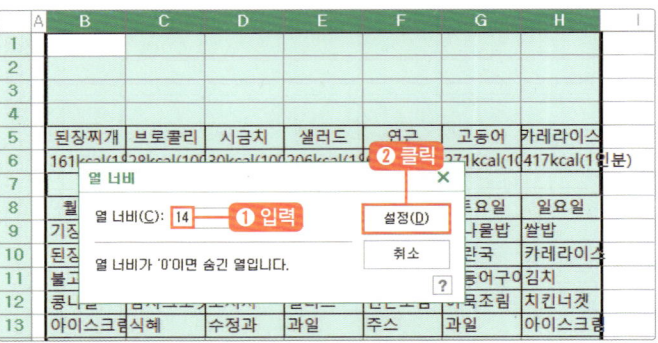

7. 다음과 같이 [B] 열부터 [H] 열의 너비가 변경된 것을 확인합니다.

8. 이어서, [10] 행과 [11] 행 사이에 빈 행을 삽입한 후, 데이터를 추가하기 위하여 [11] 행 머리글(11)을 클릭합니다.

9. 마우스 오른쪽 단추를 눌러 [삽입]을 클릭합니다.

10. 기본 [11], [12], [13] 행의 내용이 한 행씩 밑으로 이동하면서 [11] 행에 빈 행이 삽입되면 그림과 같이 해당 셀에 데이터를 입력해 줍니다.

- 데이터 입력
  [B11] : 김치, [C11] : 물김치, [D11] : 계란찜, [E11] : 북어채무침, [F11] : 콩자반, [G11] : 깍두기,
  [H11] : 소고기무국

	A	B	C	D	E	F	G	H
1								
2								
3								
4								
5		된장찌개	브로콜리	시금치	샐러드	연근	고등어	카레라이스
6		161kcal(1인분)	28kcal(100g)	30kcal(100g)	206kcal(1인분)	67kcal(100g)	271kcal(100g)	417kcal(1인분)
7								
8		월요일	화요일	수요일	목요일	금요일	토요일	일요일
9		기장밥	잡곡밥	보리밥	흑미밥	콩밥	콩나물밥	쌀밥
10		된장찌개	북어국	미역국	콩나물국	버섯전골	계란국	카레라이스
11								
12		불고기	브로콜리	시금치	생선까스	김	고등어구이	김치
13		콩나물	감자크로켓	소시지	샐러드	연근조림	어묵조림	치킨너겟
14		아이스크림	식혜	수정과	과일	주스	과일	아이스크림
15								

❶ 확인

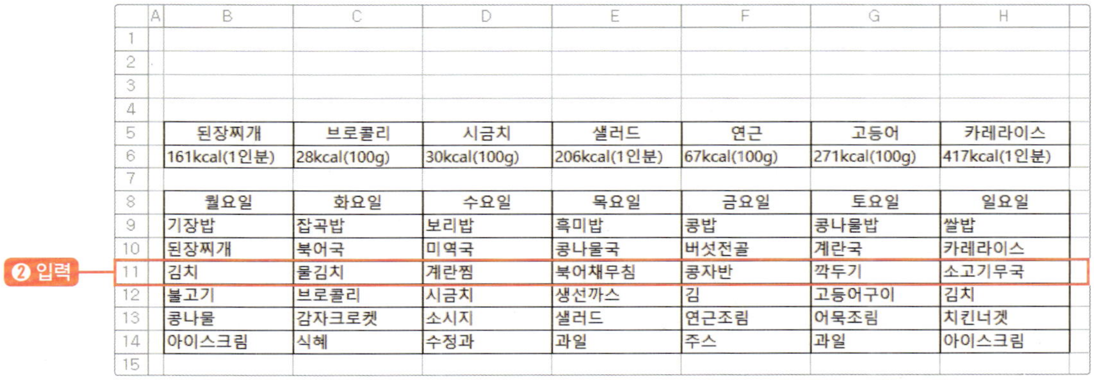

▼

	A	B	C	D	E	F	G	H
1								
2								
3								
4								
5		된장찌개	브로콜리	시금치	샐러드	연근	고등어	카레라이스
6		161kcal(1인분)	28kcal(100g)	30kcal(100g)	206kcal(1인분)	67kcal(100g)	271kcal(100g)	417kcal(1인분)
7								
8		월요일	화요일	수요일	목요일	금요일	토요일	일요일
9		기장밥	잡곡밥	보리밥	흑미밥	콩밥	콩나물밥	쌀밥
10		된장찌개	북어국	미역국	콩나물국	버섯전골	계란국	카레라이스
11		김치	물김치	계란찜	북어채무침	콩자반	깍두기	소고기무국
12		불고기	브로콜리	시금치	생선까스	김	고등어구이	김치
13		콩나물	감자크로켓	소시지	샐러드	연근조림	어묵조림	치킨너겟
14		아이스크림	식혜	수정과	과일	주스	과일	아이스크림
15								

❷ 입력

> **TIP** 새로운 행과 열 삽입하기 / 행과 열 삭제하기
>
> - 빈 행 삽입
>   - 행 머리글을 클릭한 후, [편집] 탭의 [행 추가하기] 선택
>   - 바로 가기 메뉴의 [삽입]을 클릭
>
> - 빈 열 삽입
>   - 열 머리글을 클릭한 후, [편집] 탭의 [열 추가하기] 선택
>   - 바로 가기 메뉴의 [삽입]을 클릭
>
> - 행 삭제
>   - 행 머리글을 클릭한 후, [편집] 탭의 [행 지우기] 선택
>   - 바로 가기 메뉴의 [삭제]를 클릭
>
> - 열 삭제
>   - 열 머리글을 클릭한 후, [편집] 탭의 [열 지우기] 선택
>   - 바로 가기 메뉴의 [삭제]를 클릭

11. [1] 행 머리글에서 [3] 행 머리글까지 마우스 왼쪽 단추를 누른채 드래그한 후, 마우스 오른쪽 단추를 눌러 [행 높이 지정]을 클릭합니다.

12. [행 높이] 대화상자가 나오면 '25'를 입력하고 <설정> 단추를 클릭합니다.

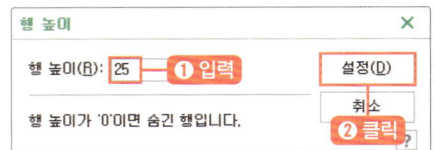

13. 동일한 방법으로 [5]~[6] 행의 행 높이는 '20', [8]~[21] 행의 행 높이는 '23'으로 각각 조절해 줍니다.

14. [14] 행 머리글을 클릭한 후, 마우스 오른쪽 단추를 눌러 [삭제]를 클릭합니다.

15. 다음과 같이 작업 내용을 확인합니다.

	A	B	C	D	E	F	G	H	I
1									
2									
3									
4									
5		된장찌개	브로콜리	시금치	샐러드	연근	고등어	카레라이스	
6		161kcal(1인분)	28kcal(100g)	30kcal(100g)	206kcal(1인분)	67kcal(100g)	271kcal(100g)	417kcal(1인분)	
7									
8		월요일	화요일	수요일	목요일	금요일	토요일	일요일	
9		기장밥	잡곡밥	보리밥	흑미밥	콩밥	콩나물밥	쌀밥	
10		된장찌개	북어국	미역국	콩나물국	버섯전골	계란국	카레라이스	
11		김치	물김치	계란찜	북어채무침	콩자반	깍두기	소고기무국	
12		불고기	브로콜리	시금치	생선까스	김	고등어구이	김치	
13		콩나물	감자크로켓	소시지	샐러드	연근조림	어묵조림	치킨너겟	
14									

02 데이터 정렬 및 각종 서식을 지정해 봅니다.

1. [B9:H13] 영역을 드래그합니다.

2. [서식] 도구 상자에서 '가운데 정렬(≡)' 아이콘을 클릭합니다.

3. 이어서, [B6:H6] 영역을 드래그한 후, [서식] 도구 상자에서 '오른쪽 정렬(≡)' 아이콘을 클릭합니다.

4. [B5:H5] 영역을 드래그한 후, [서식] 도구 상자에서 '채우기( )' 아이콘의 목록 단추(▼)를 눌러 '노랑'을 선택합니다.

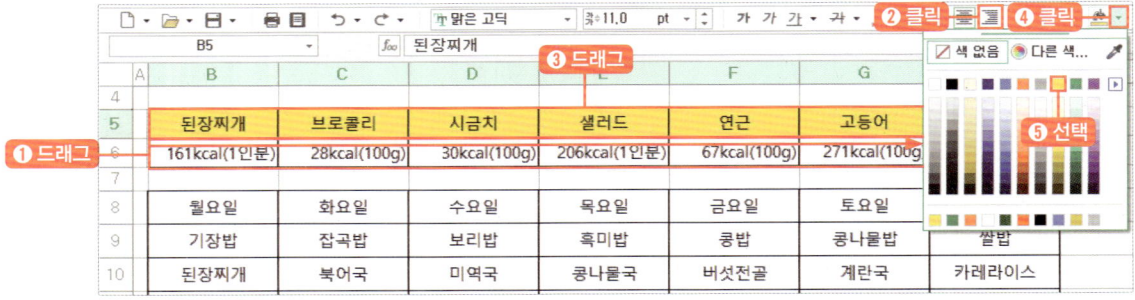

5. [B8:H8] 영역을 드래그한 후, [서식] 도구상자에서 다음과 같이 지정합니다.

- 채우기( ) : 파랑, 진하게(가), 글자 색(가) : 하양

TIP '채우기' 또는 '글자 색' 색상 테마

'색상 테마(▶)'를 클릭하면 '채우기' 또는 '글자 색' 기본 테마를 다양하게 변경하여 사용할 수 있습니다.

6. [B9:B13] 영역을 드래그한 후, [서식] 도구 상자에서 '채우기( )' 아이콘의 목록 단추( )를 눌러 '시멘트색 60% 밝게'를 선택합니다.

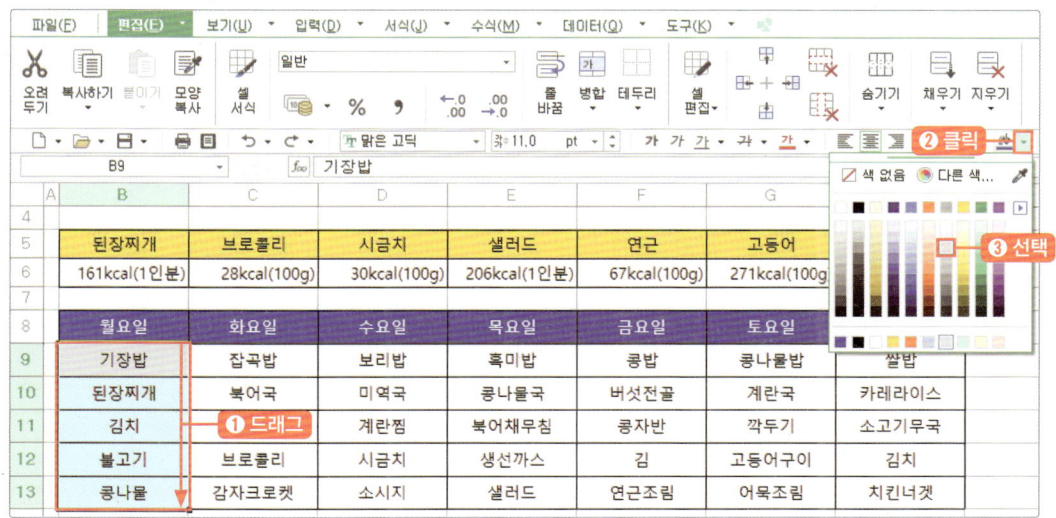

7. 위와 같은 방법으로 요일별로 다음과 같이 각각의 색상을 지정합니다.

▲ 화요일[C9:C13]
 (하늘색 60% 밝게)

▲ 수요일[D9:D13]
 (파랑 80% 밝게)

▲ 목요일[E9:E13]
 (주황 80% 밝게)

▲ 금요일[F9:F13]
 (초록 80% 밝게)

▲ 토요일[G9:G13]
 (연한 노랑 10% 어둡게)

▲ 일요일[H9:H13]
 (보라 80% 밝게)

03 도형을 이용하여 제목 작성 및 그리기 마당을 삽입해 봅니다.

1. [입력] 탭에서 도형의 자세히 단추(▼)를 클릭하여 [사각형]-'모서리가 둥근 직사각형(▢)'을 선택합니다.

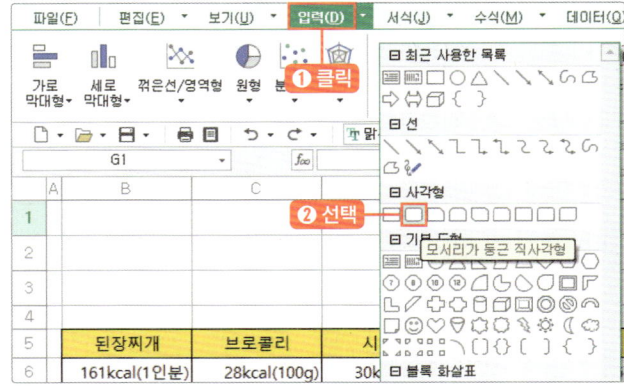

2. [B1:H3] 영역에 도형이 놓일 수 있도록 드래그하여 그려줍니다.

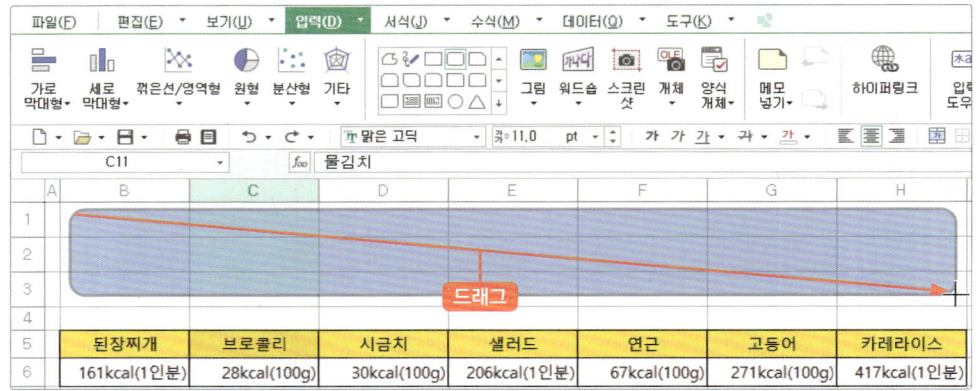

3. 그려진 도형 안에 '진구네 1주일 저녁 식단'을 입력한 후, 도형 테두리를 클릭합니다.

4. [서식] 도구상자에서 '글꼴(HY엽서M), 글자 크기(28), 진하게'로 지정한 후, [서식] 탭에서 '가운데 정렬(≡), 가운데 맞춤(▤)'을 클릭합니다.

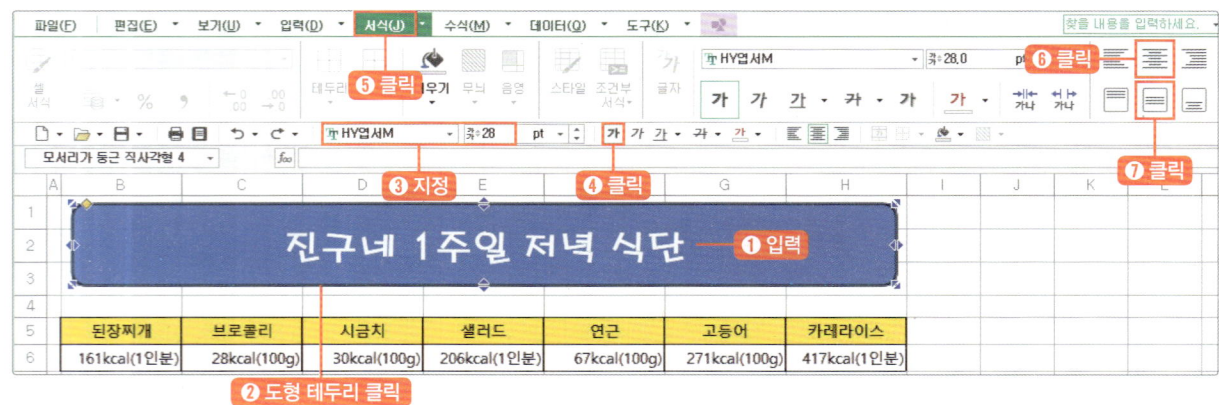

5. 이어서, [도형] 탭-[그림자(□)]를 클릭하여 '바깥쪽'에서 [가운데]를 선택합니다.

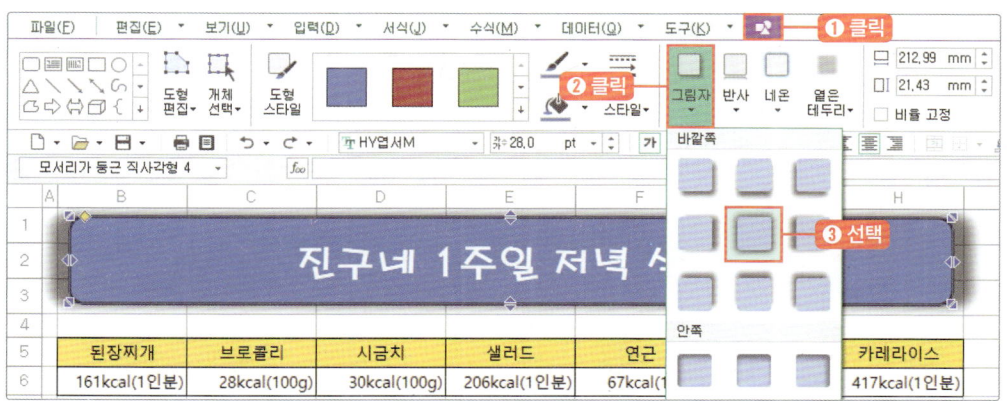

6. [입력] 탭-[그림(□)]의 목록 단추(▼)를 클릭한 후 [그리기마당(□)]을 선택합니다.

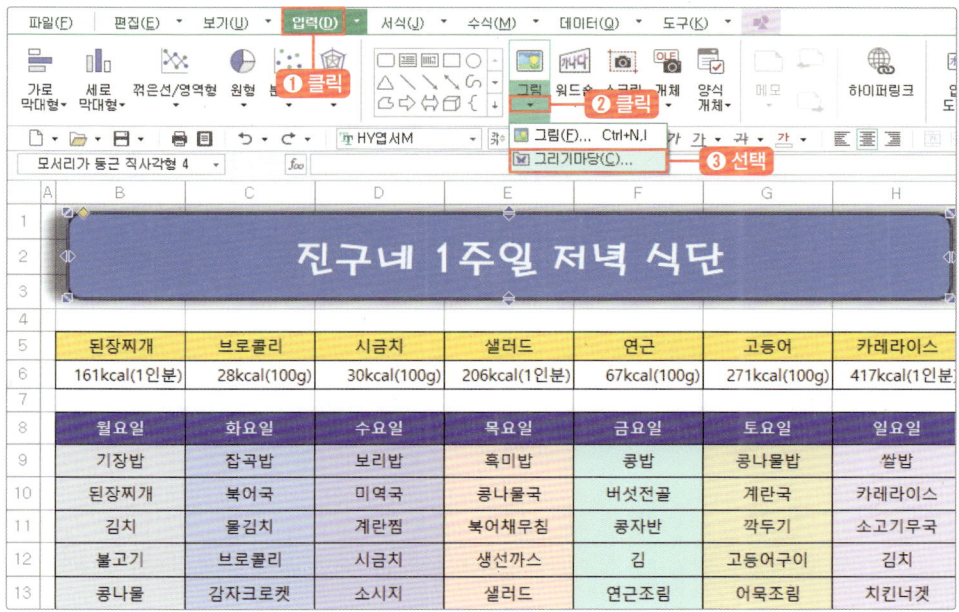

7. [그리기마당] 대화상자가 나오면 찾을 파일에 '음식'을 입력하고 <찾기> 단추를 클릭합니다.

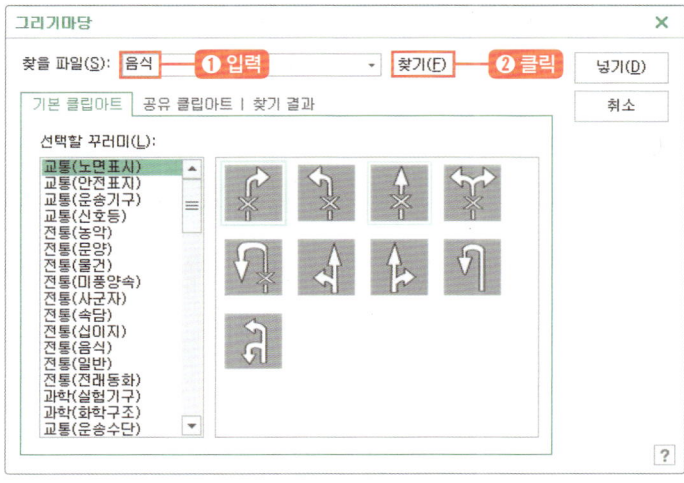

CHAPTER 05_저녁 식단표 만들기 **047**

8. 찾기 결과에서 그림과 같은 클립아트를 찾아 클릭하고 <넣기> 단추를 클릭합니다.

9. 이어서, 마우스 포인터가 (+)로 변경되면 드래그하여 그림과 같이 클립아트가 놓이도록 해 줍니다.

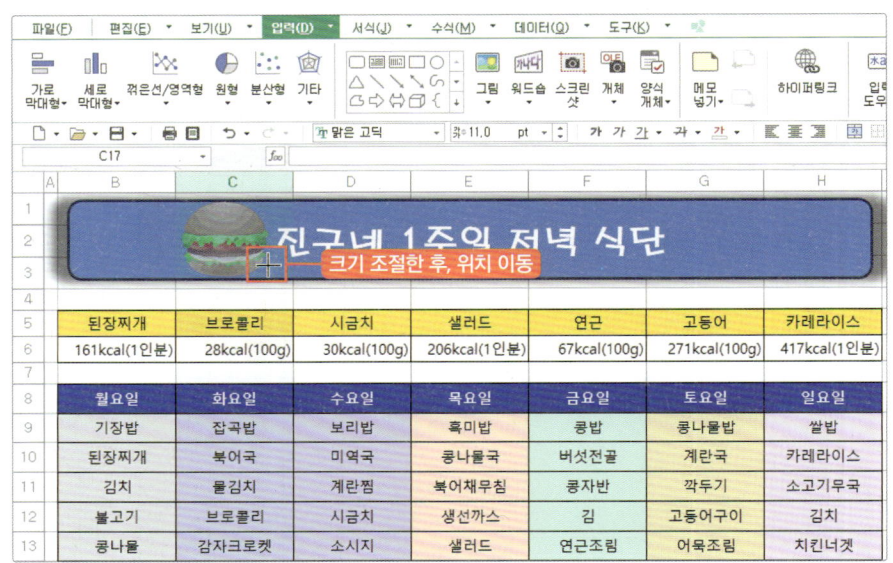

10. 같은 방법으로 또 다른 클립아트도 그림과 같이 놓이도록 해 줍니다.

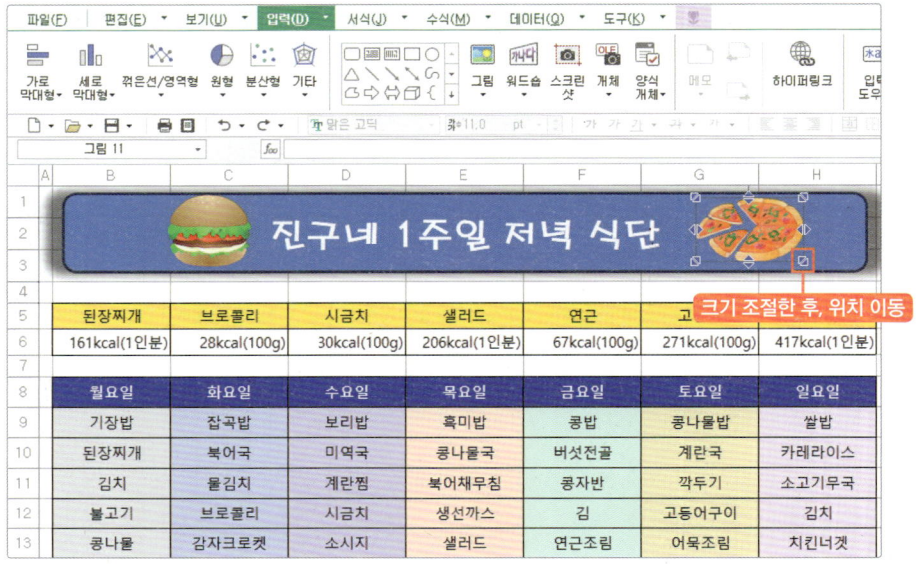

04 행/열 바꾸기에 대해 알아봅니다.

1. [B5:H6] 영역을 드래그한 후, [편집] 탭의 [복사하기(📋)]를 클릭합니다.

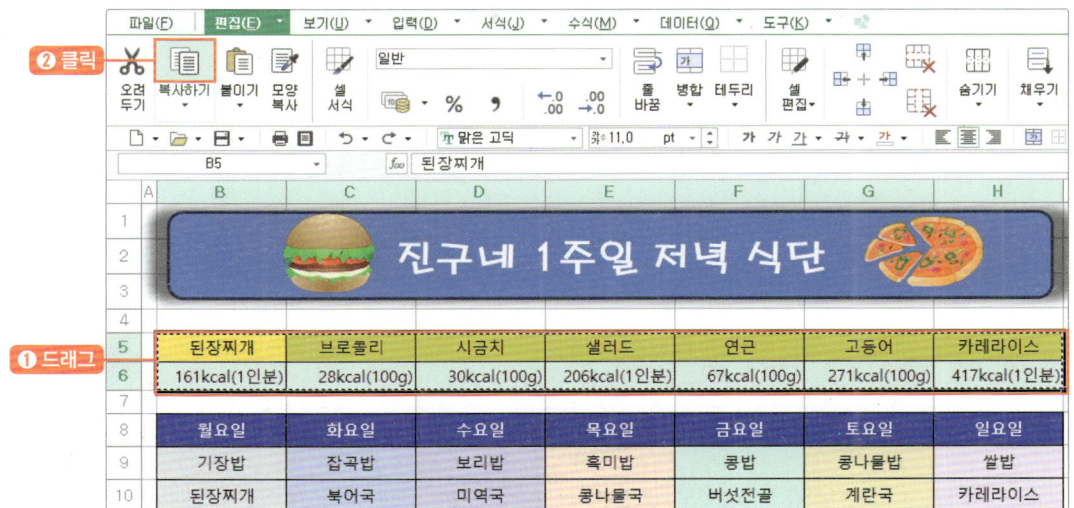

2. [B15] 셀을 클릭합니다. 이어서, [편집] 탭-[붙이기(📋)]의 목록 단추(▼)를 클릭한 후, [행/열 바꾸기]를 클릭합니다.

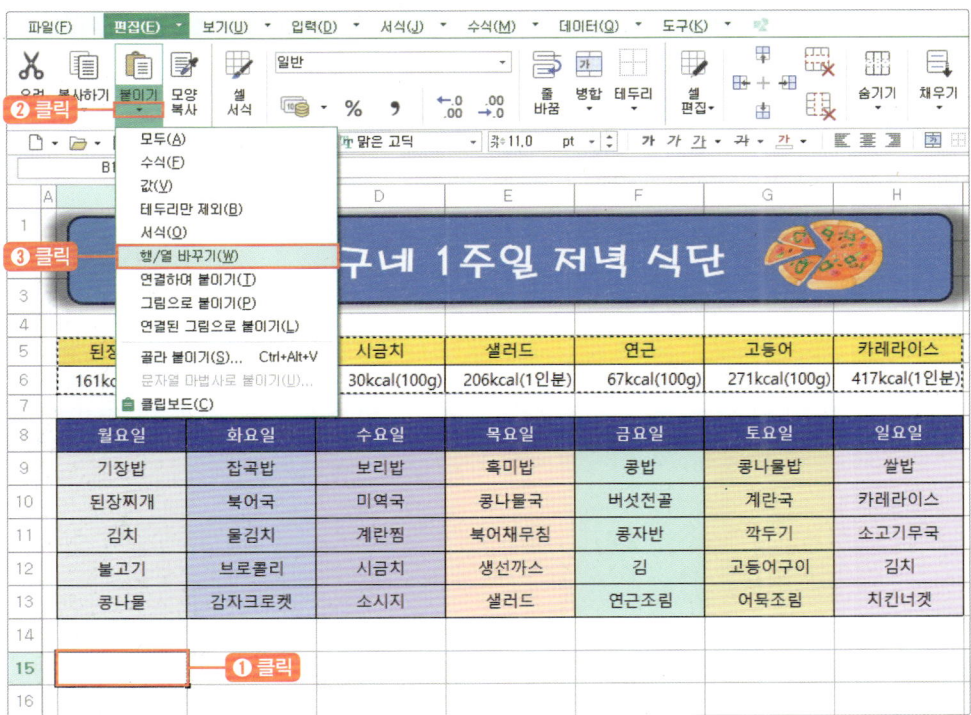

CHAPTER 05_저녁 식단표 만들기 **049**

3. 다음과 같이 [B5:H6] 영역의 데이터가 [B15] 셀을 기준으로 행과 열이 바뀌어 복사된 것을 확인합니다.

4. Esc 키를 눌러 범위 지정을 해제합니다.

5. 모든 작업이 끝나면 [파일]-[다른 이름으로 저장하기]를 클릭합니다.

6. [다른 이름으로 저장하기] 대화상자가 나오면 본인의 폴더에 '식단표-1'로 저장합니다.

CHAPTER 05 미션 수행하기

미션 01 다음과 같이 서식을 지정해 봅니다.

📁 **불러올 파일** : 외식현황.cell   📄 **완성된 파일** : 외식현황(완성).cell

❶ 열의 너비 및 행의 높이
  - 열의 너비 : [A] 열의 너비(1),
             [B]~[F] 열의 너비(11)
  - 행의 높이 : [1] 행의 높이(70),
             [2]~[10] 행의 높이(20)

❷ [5] 행에 빈 행을 삽입한 후, 다음 데이터를 입력
  - [B5] 셀 : 스파게티,
    [C5] 셀 : 2022-11-27,
    [D5] 셀 : 75,000,
    [E5] 셀 : 목동,
    [F5] 셀 : 내 생일

❸ 채우기 지정
  - [B2:F2] 영역 : 채우기(탁한 황갈 40% 밝게), 글자 색(하양), 진하게
  - [B3:F3] 영역 : 채우기(검정 80% 밝게)
  - [B4:F4] 영역 : 채우기(파랑 80% 밝게)
  - [B5:F5] 영역 : 채우기(주황 80% 밝게)
  - [B6:F6] 영역 : 채우기(보라 80% 밝게)

❹ [D3:D6] 영역 : '쉼표 스타일(,)' 지정

❺ 제목([B1:F1])
  - [입력] 탭-[도형]에서 '대각선 방향의 모서리가 잘린 사각형(▱)' 이용
  - 진구네 외식현황 : 글꼴(HY엽서M), 글자 크기(28), 가운데 맞춤, 가운데 정렬
  - [도형] 탭-색 채우기(채우기-강조 3)

❻ 그리기 마당 : 음식

❼ [B2:B6], [E2:F6] 영역을 복사한 후, [B8] 셀을 기준으로 '행/열 바꾸기' 기능 적용

CHAPTER 06 진구의 성적관리 표 만들기

★사용기능★ ✔ 워크시트 삽입 및 그룹화 ✔ 탭 색 ✔ 워드숍

완성작품 미리보기

📁 불러올 파일 : 없음   📄 완성된 파일 : 성적관리(완성).cell

과목	국어	영어	수학	사회	과학
점수	100	92	80	84	76
맞은개수	25	23	20	21	19
틀린개수	0	2	5	4	6

시트탭: 6월 | 7월 | 8월 | 9월

잠깐 영재 퀴즈 코너!

[문제] 다음 표의 각 가로줄의 규칙을 찾아내어 □ 안에 들어갈 숫자를 맞춰보세요.

9	6	3
8	4	4
3	2	1
9	□	4

[정답]

01 시트 탭을 삽입하고 시트 이름과 색상을 변경해 봅니다.

1. [시즈-()]-[한셀()]을 클릭하여 실행합니다.

2. 워크시트 하단의 '시트 삽입(+)'를 클릭하여 새로운 워크시트를 추가해 줍니다.

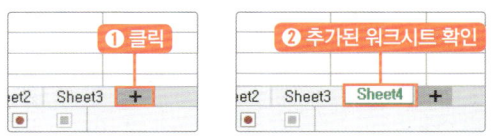

3. [Sheet1] 탭에서 마우스 오른쪽 단추를 눌러 [이름 바꾸기]를 클릭합니다.

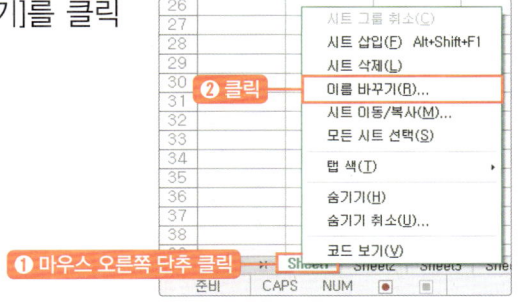

4. [시트 이름 바꾸기] 대화상자가 나오면 '6월'을 입력한 후 <설정> 단추를 클릭합니다.

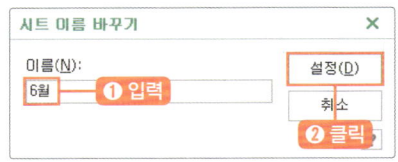 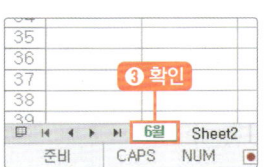

5. 또 다른 방법으로 [Sheet2] 시트 이름을 '7월'로 변경하기 위해서 [Sheet2] 탭을 더블 클릭합니다.

6. [시트 이름 바꾸기] 대화상자가 나오면 '7월'을 입력한 후 Enter 키를 누릅니다.

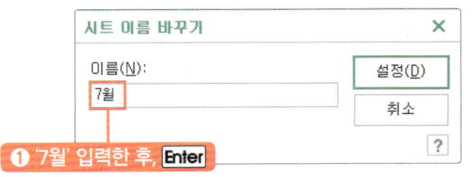 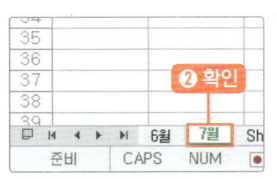

7. 위와 같은 방법으로 [Sheet3], [Sheet4] 시트를 각각 '8월', '9월'로 변경합니다.

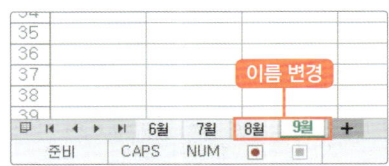

CHAPTER 06_진구의 성적관리 표 만들기 **053**

8. [6월] 시트 탭부터 [9월] 시트의 탭 색을 변경하기 위해서 [6월] 시트 탭 위에서 마우스 포인터를 위치시킨 후, 마우스 오른쪽 단추를 눌러 [탭 색]을 클릭하고 '주황'을 클릭합니다.

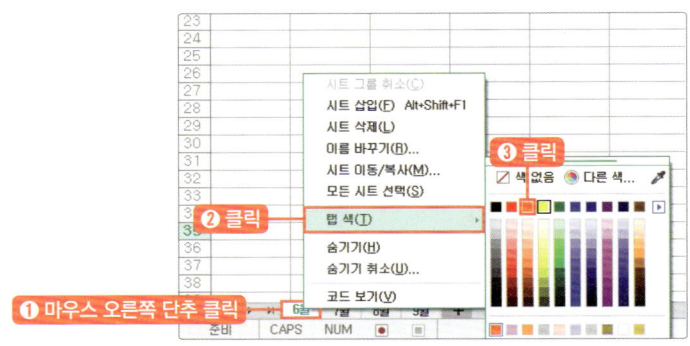

9. 동일한 방법으로 [7월] 탭 색은 '검은 군청', [8월] 탭 색은 '보라', [9월] 탭 색은 '파랑'으로 변경해 줍니다.

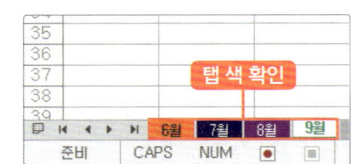

02 워크시트를 그룹화한 후 데이터를 입력해 봅니다.

1. 시트를 그룹화한 후 데이터를 입력하기 위하여 [6월] 탭을 클릭합니다.

> ✓ **TIP** 워크시트 그룹화 및 선택
>
> ● 워크시트 그룹화
>   - 워크시트의 그룹화는 여러 개의 워크시트를 선택한 상태(그룹화된 상태)에서 동일한 작업 내용을 선택된 모든 시트에 적용하고자 할 때 사용합니다.
>   - [6월], [7월], [8월], [9월] 시트를 선택(그룹화)한 상태에서 데이터를 입력하면 [6월], [7월], [8월], [9월] 시트에 동일한 데이터가 입력됩니다.
>
> ● 연속된 워크시트 선택(Shift 키 이용)
>   - 첫 번째 시트를 클릭한 후 Shift 키를 누른 상태에서 그룹으로 지정할 마지막 시트를 클릭합니다.
>   - 다음의 경우 [6월], [7월], [8월], [9월] 시트에 동일한 내용이 입력될 수 있습니다.
>
> ● 연속되지 않은 워크시트 선택(Ctrl 키 이용)
>   - 첫 번째 시트를 클릭한 후 Ctrl 키를 누른 상태에서 그룹화 할 시트를 차례대로 클릭합니다.
>   - 다음의 경우 [6월], [8월] 시트에만 동일한 내용이 입력될 수 있습니다.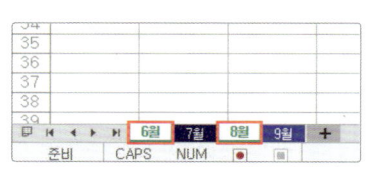

2. [6월] 탭을 클릭한 상태에서 Shift 키를 누르고 [9월] 탭을 클릭하면 [6월], [7월], [8월], [9월] 탭이 연속으로 선택됩니다.

3. 제목 표시줄에 '통합 문서1 [그룹]'이 표시되면 [A] 열 머리글 (A)에서 마우스 오른쪽 단추를 눌러 [열 너비 지정]을 클릭합니다.

4. [열 너비] 대화상자가 나오면 '1'을 입력하고 <설정> 단추를 클릭합니다.

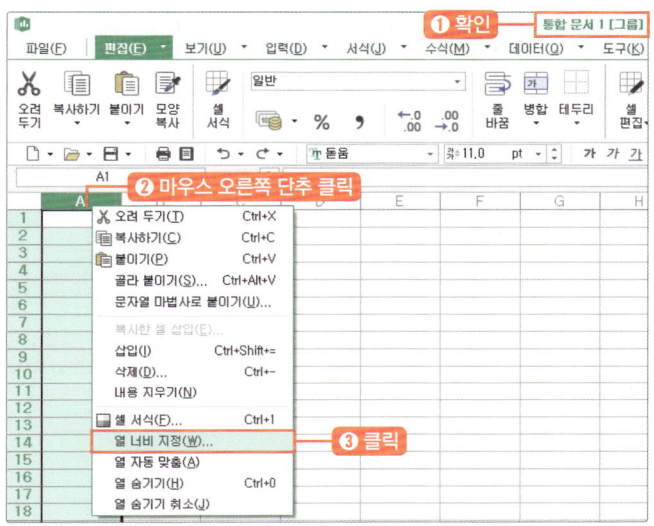

5. [B4] 셀을 클릭한 후, 다음과 같이 셀에 데이터를 입력합니다.

6. [B4:G5] 영역을 드래그한 후 Ctrl 키를 누른 상태에서 [B7:G8] 영역을 드래그한 다음 [서식] 도구 상자에서 '가운데 정렬(≡)' 아이콘을 클릭합니다.

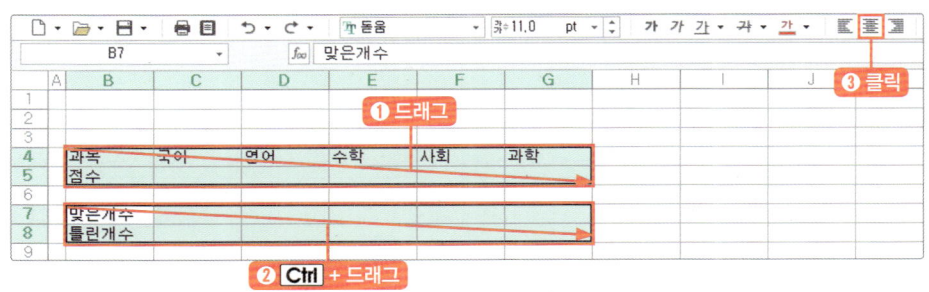

CHAPTER 06_진구의 성적관리 표 만들기 **055**

7. 이어서, [편집] 탭에서 '테두리(⊞)' 아이콘의 목록 단추(▼)를 눌러 '모두 적용(⊞)' 아이콘을 선택합니다.

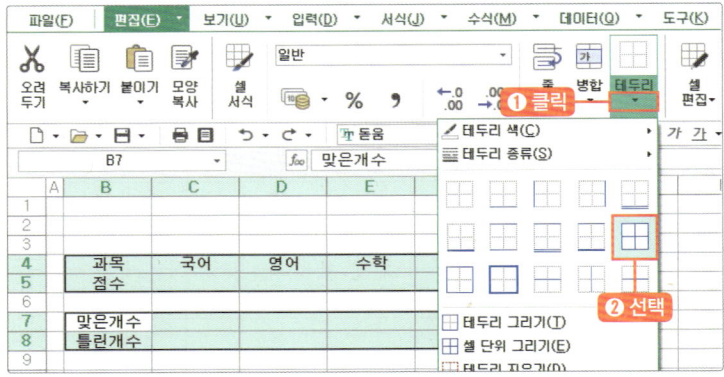

8. [B4:G4] 영역을 드래그한 후, [서식] 도구 상자에서 '진하게, 채우기(남색 60% 밝게), 글자 색(하양)'을 지정합니다.

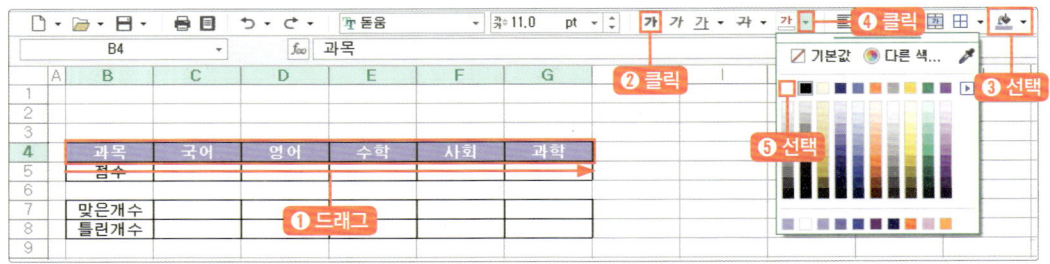

9. [B5] 셀을 클릭합니다. 이어서, Ctrl 키를 누른 상태에서 [B7:B8] 영역을 드래그한 후, [서식] 도구 상자에서 '채우기(하늘색 80% 밝게)'를 지정합니다.

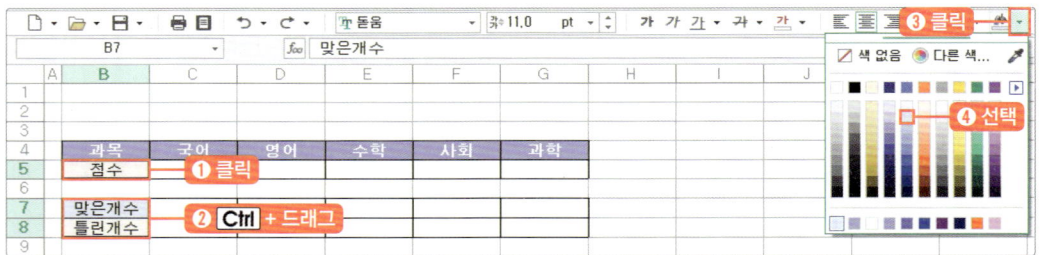

10. [4]~[5] 행 머리글을 드래그한 후, Ctrl 키를 누른 상태에서 [7]~[8] 행의 머리글도 드래그합니다.

11. 행 머리글에서 마우스 오른쪽 단추를 눌러 [행 높이 지정]을 선택한 후 '25'를 입력하고 <설정> 단추를 클릭합니다.

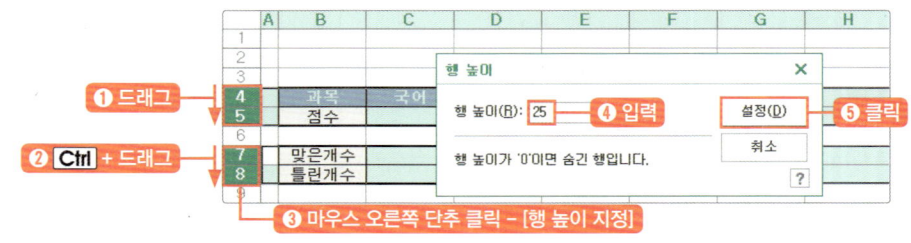

12. [B4] 셀을 클릭한 후, 워크시트 하단의 [7월] 시트 탭을 클릭하여 그룹화를 해제합니다.

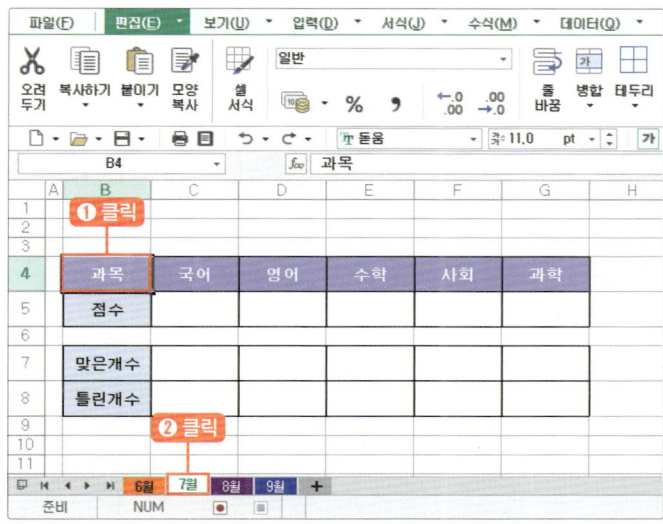

13. [6월], [7월], [8월], [9월] 시트 탭을 클릭하여 동일한 데이터가 입력된 것을 확인합니다.

03 워드숍을 이용하여 제목을 입력해 봅니다.

1. [6월] 시트 탭의 [1]~[3] 행 머리글을 드래그한 후, 행 머리글에서 마우스 오른쪽 단추를 눌러 [행 높이 지정]을 클릭합니다.

2. [행 높이] 대화상자가 나오면 '25'를 입력하고 <설정> 단추를 클릭합니다.

3. [A1] 셀을 클릭한 후, [입력] 탭의 [워드숍( )]을 클릭하고 '채우기 – 강조 1(그라데이션), 윤곽 – 밝은 색 1 '를 선택합니다.

4. 다음과 같이 '**내용을 입력하세요.**'라는 문구가 표시되면 '진구의 성적관리'를 입력하고 테두리 선을 클릭합니다.

5. [서식] 도구 상자에서 '글꼴(HY엽서M), 글자 크기(45), 진하게'로 지정합니다.

6. 이어서, 마우스 포인터가 테두리 선에 위치한 상태에서 드래그하여 그림과 같이 크기와 위치를 조절하여 줍니다.

7. [1]~[3] 행 머리글을 드래그한 후, [편집] 탭에서 [복사하기(📋)]를 클릭합니다.

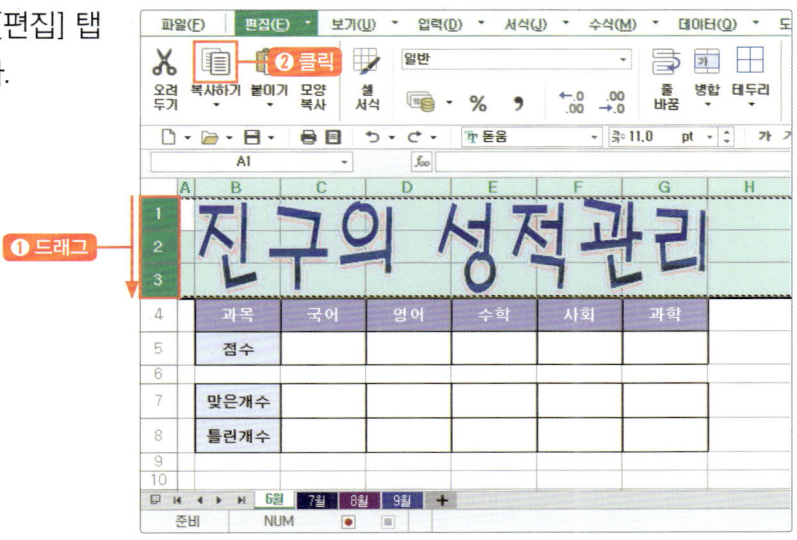

8. [7월] 시트 탭을 선택한 후, [A1] 셀을 클릭하고 [편집] 탭에서 [붙이기(📋)]를 클릭합니다.

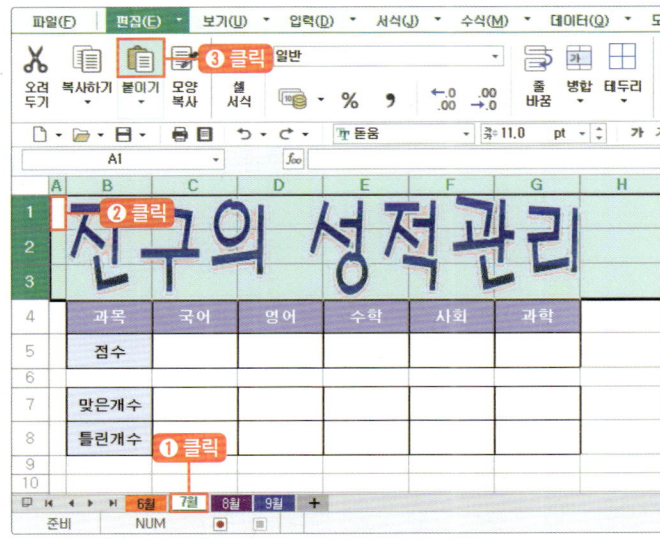

9. 동일한 방법으로 [8월] 시트 탭을 선택한 후, [A1] 셀을 클릭하고 [붙이기]의 바로 가기 키인 Ctrl + V 키를 누릅니다.

10. 나머지 [9월] 시트 탭에서도 [A1] 셀을 클릭하고 Ctrl + V 키를 누릅니다.

11. [6월] 시트 탭을 선택한 후, 다음과 같이 데이터를 입력해 줍니다.

12. 모든 작업이 끝나면 [파일]-[다른 이름으로 저장하기]를 클릭합니다.

13. [다른 이름으로 저장하기] 대화상자가 나오면 본인의 폴더에 '성적관리-1'로 저장합니다.

CHAPTER 06 미션 수행하기

미션 01 다음과 같이 서식을 지정해 봅니다.

📁 불러올 파일 : 없음   💾 완성된 파일 : 벼룩시장(완성).cell

❶ 시트 이름 변경 :
1일차, 2일차, 3일차

❷ 시트 탭 색 변경 :
1일차(남색), 2일차(주황),
3일차(노랑)

❸ 워크시트 그룹화 후 데이터 입력

❹ 열 높이 지정 및 행 높이 지정 :
[A] 열 높이 지정(1),
[C] 열 높이 지정(18),
[E] 열 높이 지정(9.13),
[1] 행 높이 지정(70),
[2]~[15] 행 높이 지정(20)

❺ [B2:G15] 영역 :
가운데 정렬, 테두리(모두 적용)

❻ 채우기 지정
- [B2:G2] 영역 : 채우기(보라), 글자 색(하양), 진하게
- [B3:G7] 영역 : 채우기(주황)
- [B8:G10] 영역 : 채우기노랑)
- [B11:G13] 영역 : 채우기(초록 40% 밝게)
- [B14:G15] 영역 : 채우기(하늘색 40% 밝게)

❼ 병합
- 그림처럼 병합하고 가운데 맞춤

❽ 워드숍
- 워드숍(윤곽 - 강조 1, 그림자)
- 글꼴(HY견고딕), 글자 크기(30), 진하게, 가운데 정렬
- [B1:G1] 영역에 위치 및 크기 조절
- 워드숍 복사하기 한 후, [2일차], [3일차] 시트 탭에 붙이기

CHAPTER 06_진구의 성적관리 표 만들기 **061**

CHAPTER 07 홈 아르바이트 표 만들고 계산하기

사용기능 ✓ 계산식 ✓ 자동 채우기 ✓ 최댓값 ✓ 최솟값

완성작품 미리보기

📂 불러올 파일 : 홈아르바이트.cell   💾 완성된 파일 : 홈아르바이트(완성).cell

	A	B	C	D	E
1	8월 진구와 이슬이의 홈 아르바이트 비용 계산하기					
2					
3	구분	아르바이트 내용	금액	횟수	아르바이트 비용
4	진구	엄마 심부름하기	₩ 500	2	₩ 1,000
5		아빠 안마 해 드리기	₩ 1,200	3	₩ 3,600
6		아빠 구두 닦아 드리기	₩ 500	5	₩ 2,500
7		청소하기	₩ 1,000	15	₩ 15,000
8		합계 구하기		25	₩ 22,100
9		평균 구하기		6.25	₩ 5,525
10		최댓값 구하기		15	₩ 15,000
11		최솟값 구하기		2	₩ 1,000
12	이슬이	엄마 설거지 돕기	₩ 1,000	7	₩ 7,000
13		엄마 안마 해 드리기	₩ 1,200	5	₩ 6,000
14		현관 신발 정리하기	₩ 300	10	₩ 3,000
15		빨래 널기	₩ 300	8	₩ 2,400
16		빨래 개기	₩ 200	11	₩ 2,200
17		합계 구하기		41	₩ 20,600
18		평균 구하기		8.2	₩ 4,120
19		최댓값 구하기		11	₩ 7,000
20		최솟값 구하기		5	₩ 2,200

잠깐 영재 퀴즈 코너!

[문제] 다음 표의 가로줄의 규칙의 결과를 표시하였습니다. ☐ 안에 들어갈 숫자를 맞춰보세요.

8	2	2	4	1
3	7	1	9	0
4	2	8	2	1
2	2	4	6	☐

[정답]

계산식을 이용하여 값을 구해 봅니다.

1. 횟수[D4:D7]의 합계를 계산할 [D8] 셀을 클릭합니다.

2. '=D4+D5+D6+D7'을 입력한 다음 **Enter** 키를 누릅니다.

3. 횟수[D4:D7]의 평균을 계산할 [D9] 셀을 클릭합니다.

4. '=D8/4'를 입력한 다음 **Enter** 키를 누릅니다.
   (또는, '=(D4+D5+D6+D7)/4'를 입력한 다음 **Enter** 키를 누릅니다.)

5. 횟수의 합계[D8]와 평균[D9]의 수식을 복사하여 아르바이트 비용의 합계[E8]와 평균[E9]을 구하기 위해 [D8:D9] 영역을 드래그합니다.

6. [D9] 셀의 오른쪽 아래에 있는 점 채우기 핸들(▬)에 마우스 포인터를 위치시킵니다.

7. 마우스 포인터가 ✚ 모양으로 변경되면 [E8:E9] 영역까지 드래그합니다.

02 자동 합계로 합계와 평균을 구해 봅니다.

1. 이슬이의 아르바이트 횟수 '합계'를 구하기 위하여 [D12:D17] 영역을 드래그한 후, [수식] 탭의 '합계(∑)' 아이콘을 클릭합니다.

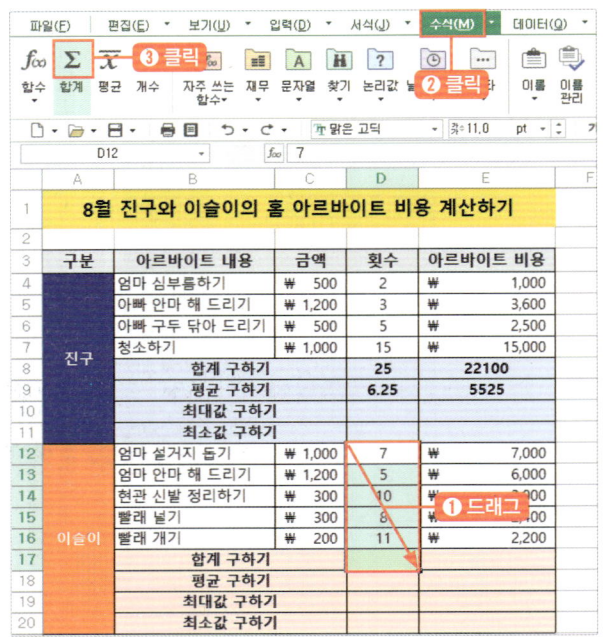
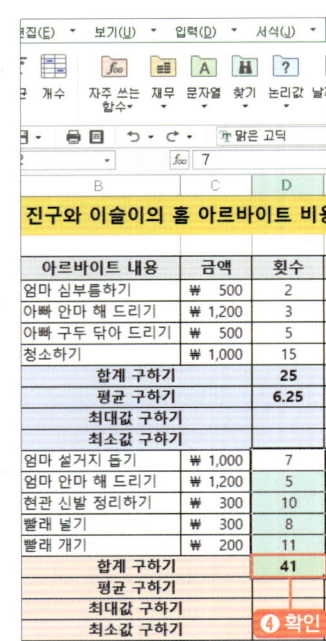

2. [D17] 셀에 '합계'가 구해진 것을 확인한 후, [D18] 셀에 이슬이의 아르바이트 횟수 '평균'을 구하기 위하여 [D18] 셀을 클릭하고 [수식] 탭의 '평균(𝑥̄)'을 클릭합니다.

3. 이어서, [D12:D16] 영역 범위를 드래그하고 Enter 키를 누릅니다.

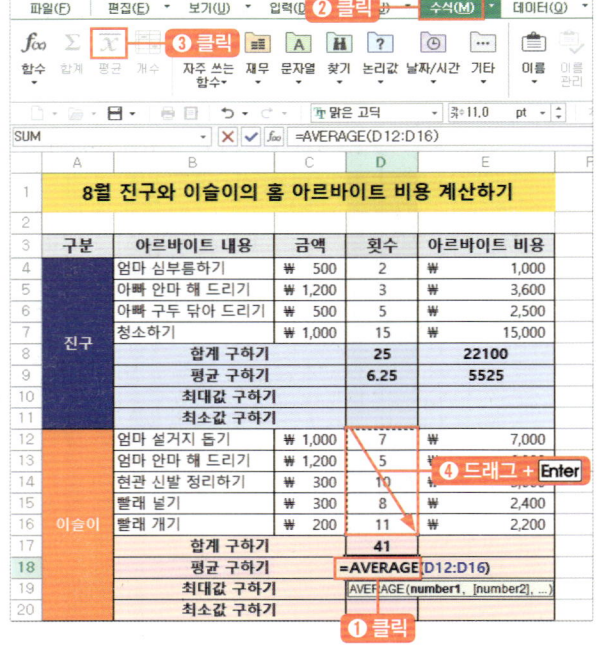

4. [D18] 셀에 '평균'이 구해진 것을 확인한 후, 횟수의 합계[D17]와 평균[D18]의 수식을 복사하여 아르바이트 비용의 합계[E17]와 평균[E18]을 구하기 위해 [D17:D18] 영역을 드래그합니다.

5. [D18] 셀의 채우기 핸들()에 마우스 포인터를 위치시킨 후, 마우스 포인터가  모양으로 변경되면 [E17:E18] 영역까지 드래그합니다.

03 자동 합계로 최댓값과 최솟값을 구해 봅니다.

1. [D10] 셀에 진구의 아르바이트 횟수 '최댓값'을 구하기 위하여 [D10] 셀을 클릭하고 [수식] 탭의 '함수(fx)'를 클릭한 후, '최댓값'을 클릭합니다.

2. 이어서, [D4:D7] 영역 범위를 드래그하고 Enter 키를 누릅니다.

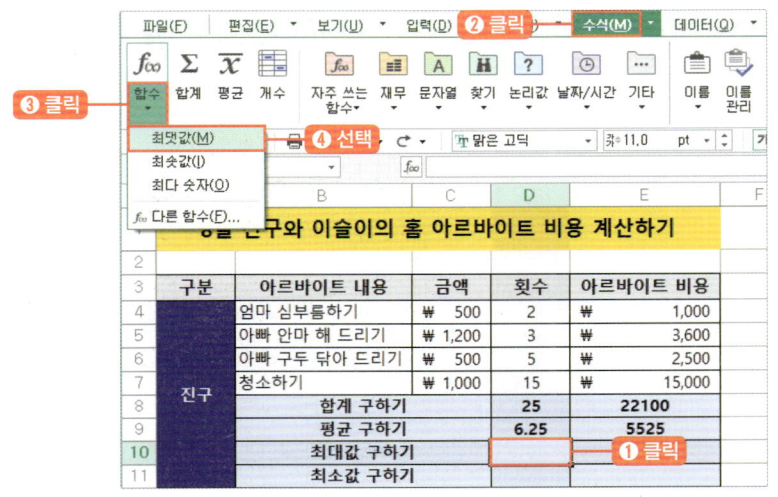
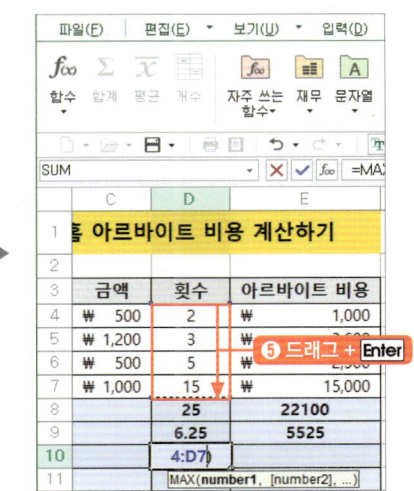

CHAPTER 07_홈 아르바이트 표 만들고 계산하기 **065**

3. [D10] 셀에 '최댓값'이 구해진 것을 확인한 후, [D11] 셀에 진구의 아르바이트 횟수 '최솟값'을 구하기 위하여 [D11] 셀을 클릭하고 [수식] 탭의 '함수(fx)'를 클릭한 후, '최솟값'을 클릭합니다.

4. 이어서, [D4:D7] 영역 범위를 드래그하고 Enter 키를 누릅니다.

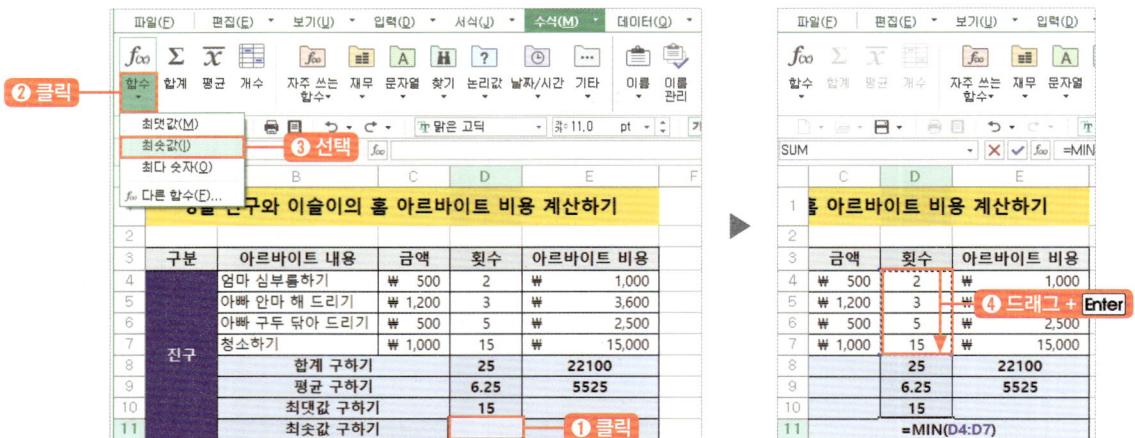

5. 횟수의 최댓값[D10]과 최솟값[D11]의 수식을 복사하여 아르바이트 비용의 최댓값[E10]과 최솟값[E11]을 구하기 위해 [D10:D11] 영역을 드래그합니다.

6. [D11] 셀의 채우기 핸들( )을 [E10:E11] 영역까지 드래그합니다.

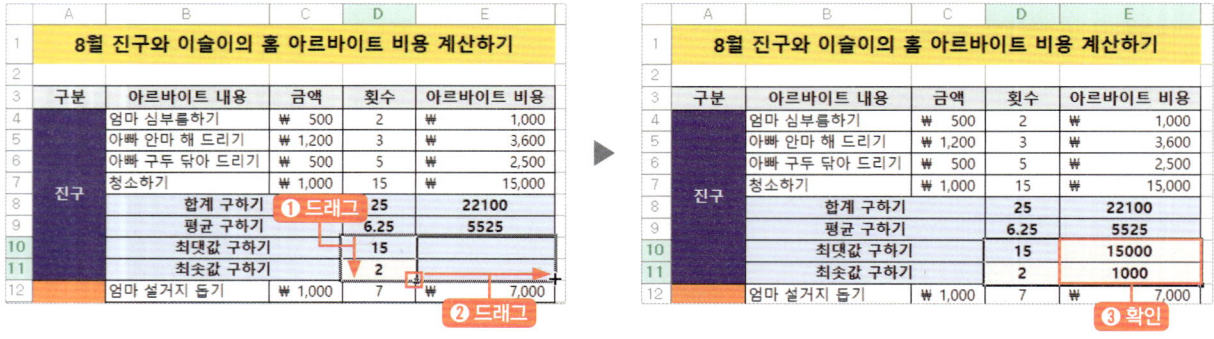

7. [D19] 셀에 이슬이의 아르바이트 횟수 '최댓값'을 구하기 위하여 [D19] 셀을 클릭하고 [수식] 탭의 '함수(fx)'를 클릭한 후, '최댓값'을 클릭합니다.

8. 이어서, [D12:D16] 영역 범위를 드래그하고 Enter 키를 누릅니다.

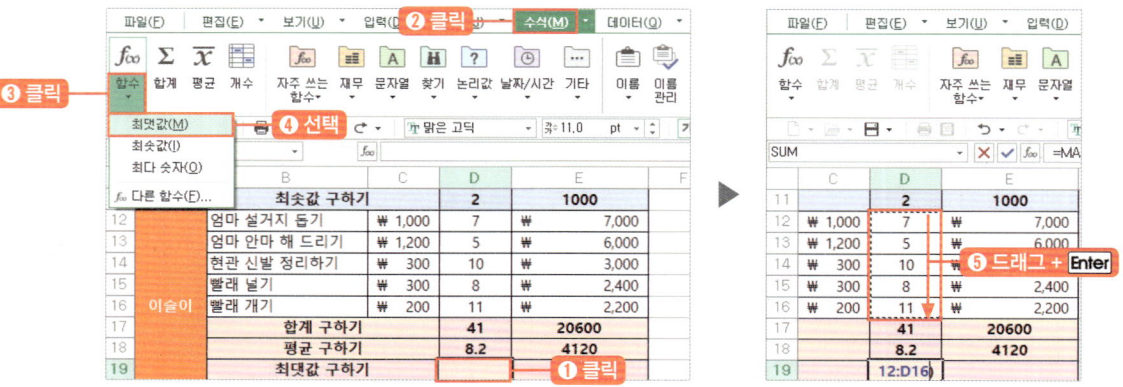

9. [D19] 셀에 '최댓값'이 구해진 것을 확인한 후, [D20] 셀에 이슬이의 아르바이트 횟수 '최솟값'을 구하기 위하여 [D20] 셀을 클릭하고 [수식] 탭의 '함수($f\infty$)'를 클릭한 후, '최솟값'을 클릭합니다.

10. 이어서, [D12:D16] 영역 범위를 드래그하고 Enter 키를 누릅니다.

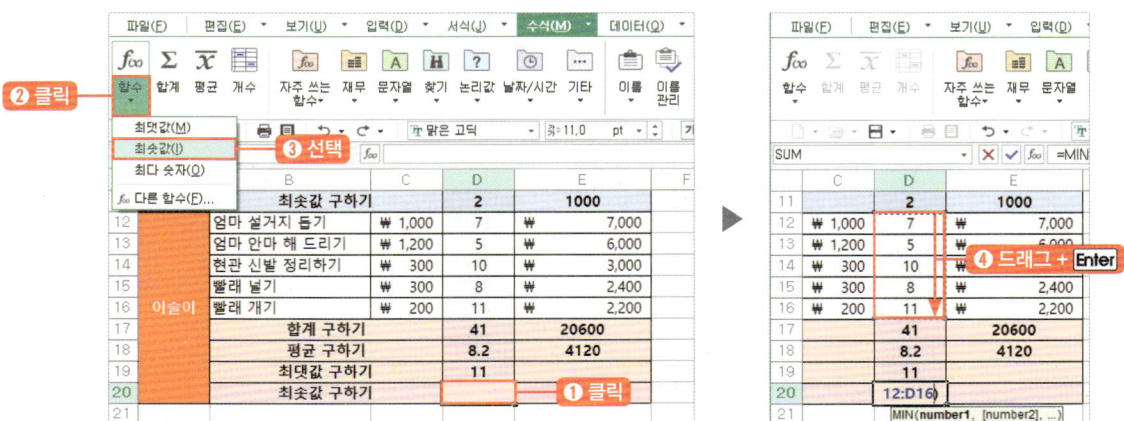

11. 횟수의 최댓값[D19]과 최솟값[D20]의 수식을 복사하여 아르바이트 비용의 최댓값[E19]과 최솟값 [E20]을 구하기 위해 [D19:D20] 영역을 드래그합니다.

12. [D20] 셀의 채우기 핸들(┼)을 [E19:E20] 영역까지 드래그합니다.

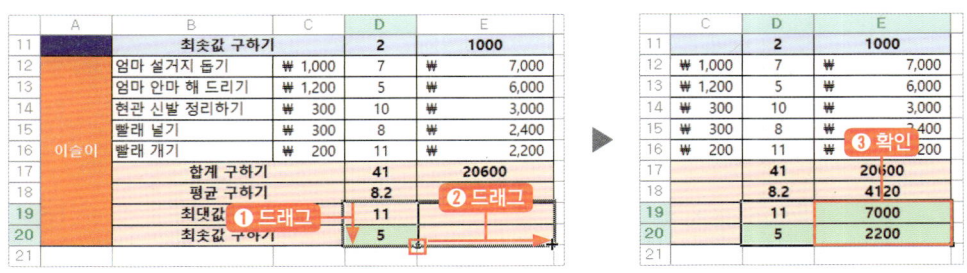

13. [E8:E11], [E17:E20] 영역에 '회계 표시 형식(₩)'을 지정하기 위하여 [E8:E11] 영역을 드래그한 후, Ctrl 키를 누른 상태에서 [E17:E20] 영역도 드래그합니다.

14. [편집] 탭에서 '회계 표시 형식( )' 아이콘을 클릭합니다.

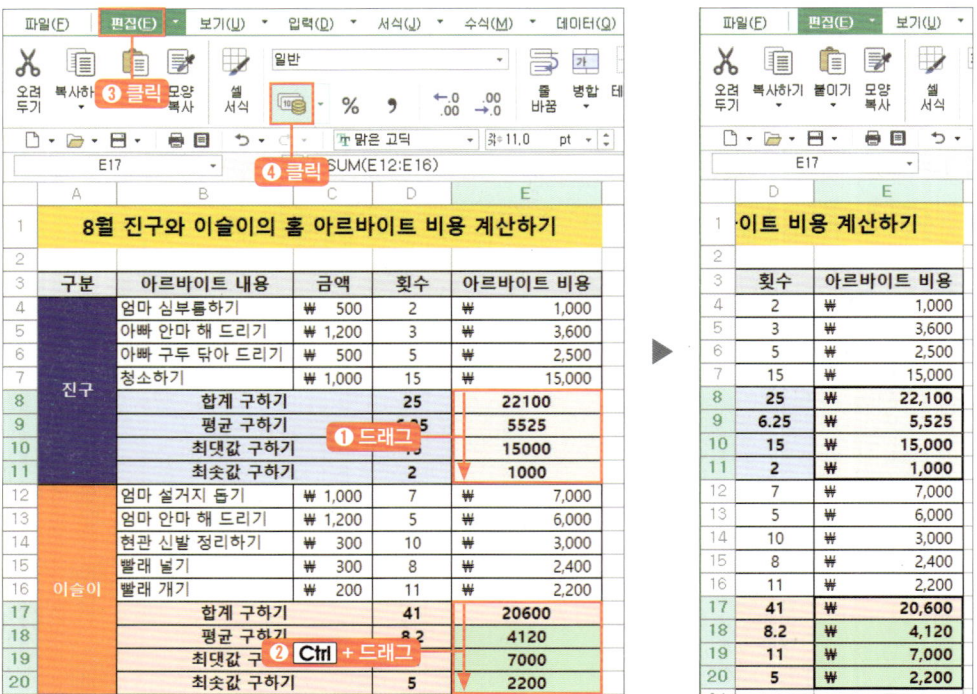

15. 모든 작업이 끝나면 [파일]-[다른 이름으로 저장하기]를 클릭합니다.

16. [다른 이름으로 저장하기] 대화상자가 나오면 본인의 폴더에 '홈아르바이트-1'로 저장합니다.

04 절대 참조와 상대 참조에 대해 알아봅니다.

1. [파일]-[열기]를 선택하여 '특별금액.cell'를 불러옵니다.

2. [C4] 셀에 다음과 같은 수식으로 '엄마의 특별금액'을 계산해 줍니다.

> 엄마의 특별금액 = 금액 × 엄마의 특별금액 지급율[B12]

3. [C4] 셀을 클릭한 후, '='을 입력하고 마우스로 [B4] 셀을 클릭합니다.

4. '*'를 입력하고 마우스로 [B12] 셀을 클릭합니다.

5. **F4** 키를 눌러 절대 참조 형식($B$12)으로 변경한 후, **Enter** 키를 누릅니다. (참고 : '엄마의 특별금액 지급율'은 모든 '엄마의 특별금액'에 사용되므로 절대 참조를 이용합니다.)

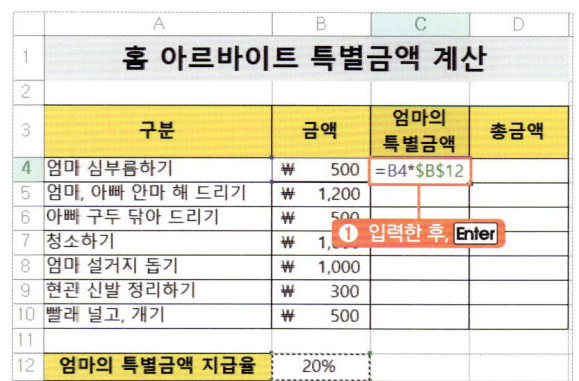

> ✔ **TIP** 절대 참조
>
> - 셀 주소의 열과 행 앞에 '$'를 붙여주며($B$12) 절대 참조 형식의 주소는 복사 또는 이동시에도 셀 주소가 변경되지 않음
> - 셀 주소에 '$'를 입력하는 기능키(**F4** 키) : B12 → $B$12 → B$12 → $B12(**F4** 키를 누를 때마다 변함)

6. [C4] 셀의 채우기 핸들(￢)을 [C10] 셀까지 드래그하여 나머지 '엄마의 특별금액'도 계산해 줍니다.

7. [D4] 셀에 다음과 같은 수식으로 '총금액'을 계산해 줍니다.

총금액 = 금액 + 엄마의 특별금액

8. [D4] 셀을 클릭한 후 '='을 입력하고 마우스로 [B4] 셀을 클릭합니다.

9. '+'를 입력하고 마우스로 [C4] 셀을 클릭합니다.

10. Enter 키를 눌러 총금액을 계산한 후, [D4] 셀의 채우기 핸들(┼)을 [D10] 셀까지 드래그하여 나머지 총금액도 계산해 줍니다.

> ✔ **TIP** 상대 참조
>
> 기본적인 셀 주소 형식(D4)으로 셀 주소를 복사할 경우 이동된 위치에 따라 셀 주소가 자동으로 변경됩니다.

11. Ctrl + ~ 키를 눌러 '엄마의 특별금액'과 '총금액'의 셀 주소 형식을 비교해 봅니다.

12. Ctrl + ~ 키를 다시 한 번 누르면 계산 값 형식으로 다시 변경됩니다.

13. 모든 작업이 끝나면 [파일]-[다른 이름으로 저장하기]를 클릭합니다.

14. [다른 이름으로 저장하기] 대화상자가 나오면 본인의 폴더에 '특별금액-1'로 저장합니다.

> ✔ **TIP** 혼합 참조
>
> 문자나 행 번호 중 한 쪽에만 '$'를 붙인 경우를 말합니다. ($B3 : 열 고정 혼합 참조, B$3 : 행 고정 혼합 참조)

CHAPTER 07 미션 수행하기

미션 01 다음과 같이 계산식을 작성해 봅니다.

📁 **불러올 파일** : 지출내역.cell   💾 **완성된 파일** : 지출내역(완성).cell

① 합계금액[D13] :
   [D5:D12] 영역의 값을 각각 더하여 합계를 구함

② 평균금액[D14] : =D13/8

③ 최대금액[D15] / 최소금액[D16] :
   [수식] 탭에서 '함수($f\infty$)' 아이콘 이용

	A	B	C	D
1			우리집 수입과 지출 현황	
2				
3		총수입	지출	
4			항목	금액
5		₩ 5,500,000	아파트대출이자	₩ 1,000,000
6			아빠용돈	₩ 400,000
7			각종보험료	₩ 1,200,000
8			가족생활비	₩ 1,050,000
9			가족통신요금	₩ 250,000
10			아이들학원비	₩ 400,000
11			외식비	₩ 300,000
12			자동차 할부금	₩ 400,000
13			합계금액	₩ 5,000,000
14			평균금액	₩ 625,000
15			최대금액	₩ 1,200,000
16			최소금액	₩ 250,000

미션 02 다음과 같이 계산식을 작성해 봅니다.

📁 **불러올 파일** : 열차운임표.cell   💾 **완성된 파일** : 열차운임표(완성).cell

① 새마을호(입석)[C4:C8] :
   =B4 – (B4 * 할인율)

② 무궁화호(입석)[E4:E8] :
   =D4 – (D4 * 할인율)

③ '할인율'은 [B10] 셀로 F4 키를 눌러
   절대 참조 형식으로 지정($B$10)

	A	B	C	D	E
1			열차운임표		
2					
3	지역	새마을호 (좌석)	새마을호 (입석)	무궁화호 (좌석)	무궁화호 (입석)
4	대구	₩ 32,000	₩ 25,600	₩ 28,000	₩ 22,400
5	부산	₩ 45,000	₩ 36,000	₩ 39,000	₩ 31,200
6	광주	₩ 37,000	₩ 29,600	₩ 30,000	₩ 24,000
7	천안	₩ 28,000	₩ 22,400	₩ 20,000	₩ 16,000
8	강릉	₩ 24,000	₩ 19,200	₩ 35,000	₩ 28,000
9					
10	할인율	20%			

CHAPTER 08

PROJECT 01 장미 초등학교 시간표

★ 사용기능 ★
- ☑ 행 높이 지정 ☑ 열 너비 지정 ☑ 채우기
- ☑ 그림 삽입 ☑ 워드숍

📁 불러올 파일 : 연필.jpg, 초등학교.png, 노랑 가로선.png, 노랑 세로선.png
💾 완성된 파일 : 장미초등학교 시간표(완성).cell

완성작품 미리보기

교시	월요일	화요일	수요일	목요일	금요일
1교시					
2교시					
3교시					
4교시					
점심시간	신	나	는	점	심
5교시					
6교시					

잠깐 영재 퀴즈 코너!

[문제] 다음 원안에 들어간 숫자들의 규칙을 보고 ☐ 안에 들어갈 숫자를 맞춰보세요.

- 2, 3, 6
- 6, 3, 2
- 4, 2, 8
- 9, 3, ☐

[정답]

❶ 열 너비 지정과 행 높이 지정 : A열(1), B~G열(15) / 1행(80), 3~10행(40)

❷ 제목
- 워드숍 : '채우기 – 강조 5(어두운 계열, 그라데이션), 윤곽 – 강조 5, 그림자'
- [글자 효과]-[네온] : '강조 색 5, 15 pt'
- 글자 크기 : 36

❸ 그림 : 연필.jpg, 초등학교.png, 노랑 가로선.png, 노랑 세로선.png, **Ctrl** + **Shift** 키 사용

❹ [B3:G3] 영역 : 글꼴(HY엽서M), 글자 크기(18), 진하게, 채우기(초록 60% 밝게), 글자 색(초록 30% 어둡게)

❺ [B4:B7], [B9:B10] 영역 : 글꼴(HY엽서M), 글자 크기(16), 진하게, 채우기(시멘트 색 60% 밝게), 글자 색(시멘트 색 30% 어둡게)

❻ [B8:G8] 영역 : 글꼴(HY엽서M), 글자 크기(16), 진하게, 채우기(노랑 80% 밝게), 글자 색(하늘색 30% 어둡게)

❼ [B3:G10] 영역 : 가운데 정렬

CHAPTER 09 맛있는 피자 매출 분석표 만들기

★사용기능 ☑ LEFT ☑ MID ☑ RIGHT ☑ RANK.EQ ☑ IF ☑ SUM ☑ AVERAGE ☑ LARGE ☑ SMALL ☑ COUNTIF

완성작품 미리보기

📁 불러올 파일 : 피자매출분석.cell   📁 완성된 파일 : 피자매출분석(완성).cell

(사이즈 - R : 레귤러, L : 라지)

구분	종류	사이즈	판매금액	매장 판매수량	배달 판매수량	배달 판매순위	비고
불고기R14500	불고기	R	14500	15	22	2	
슈프림L15000	슈프림	L	15000	10	15	4	30%할인
불갈비L17000	불갈비	L	17000	5	19	3	
고구마R10000	고구마	R	10000	18	25	1	
베이컨R11500	베이컨	R	11500	12	11	6	30%할인
곤졸라L24000	곤졸라	L	24000	8	8	7	30%할인
스위트R16000	스위트	R	16000	7	12	5	30%할인
			합계	75	112		
			평균	10.714286	16		

매장 판매수량 중 2번째로 많이 팔린 피자 수량	15
배달 판매수량 중 3번째로 적게 팔린 피자 수량	12
사이즈가 'L'인 피자의 개수	3

잠깐 영재 퀴즈 코너!

[문제] 다음 ☐ 안에 위와 아래에 공통으로 들어가는 더하기, 빼기, 곱하기, 나누기 부호를 넣어서 계산한 값이 나오도록 해보세요.

[정답]

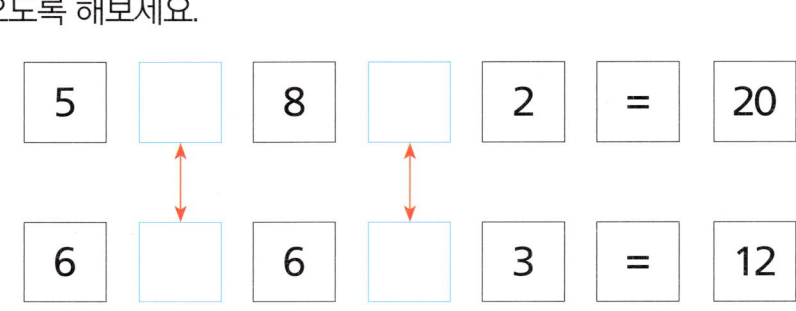

LEFT 함수를 이용하여 피자 종류를 구해 봅니다.

1. 구분[B5:B11]에서 왼쪽의 세 글자를 불러와 종류[C5:C11]에 표시하도록 합니다.

> ✅ **TIP** LEFT 함수
> - 기능 : 문자열의 왼쪽에서 원하는 수 만큼의 문자를 가져와 표시하는 함수
> - 형식 : =LEFT(문자열, 표시할 문자 수)

2. [C5] 셀을 클릭한 후, '=LEFT('를 입력하고 마우스를 이용하여 [B5] 셀을 클릭합니다.

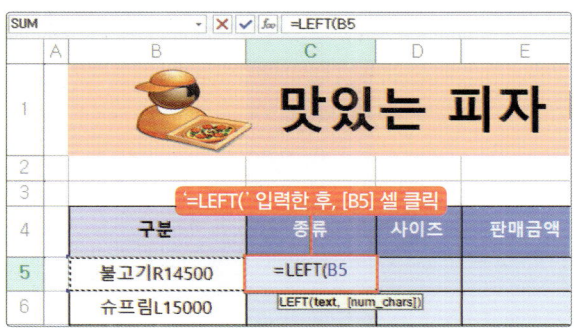

3. 이어서, ',3)'를 입력하고 Enter 키를 누릅니다.

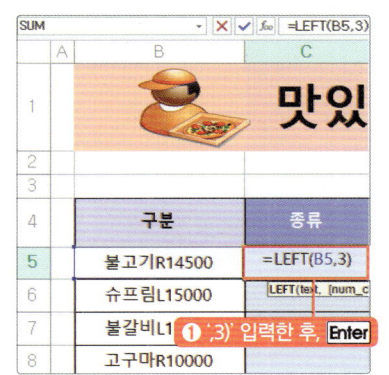

4. [C5] 셀의 채우기 핸들(﹢)을 [C11] 셀까지 드래그하여 나머지 피자의 종류도 표시합니다.

02 MID 함수를 이용하여 피자 사이즈를 구해 봅니다.

1. 구분[B5:B11]에서 왼쪽의 네 번째 글자 하나를 불러와 사이즈[D5:D11]에 표시하도록 합니다.

   > ✓ **TIP** MID 함수
   > - 기능 : 문자열의 시작 위치와 표시할 문자의 수를 지정하여 내용을 표시하는 함수
   > - 형식 : =MID(문자열, 시작 위치, 표시할 문자 수)

2. [D5] 셀을 클릭한 후, '=MID('를 입력하고 마우스를 이용하여 [B5] 셀을 클릭합니다.

   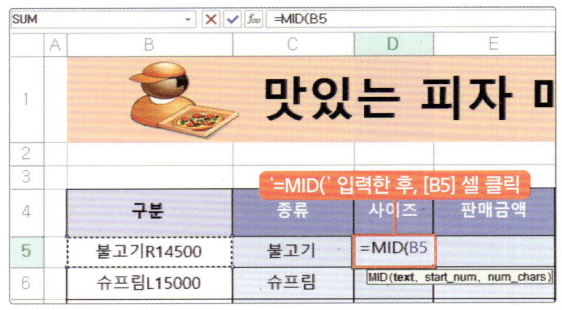

3. 이어서, ',4,1)'를 입력하고 **Enter** 키를 누릅니다.

   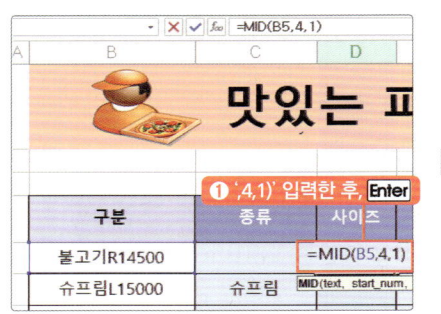
   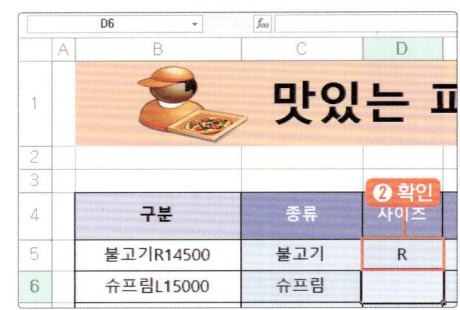

4. [D5] 셀의 채우기 핸들(┼)을 [D11] 셀까지 드래그하여 나머지 사이즈도 표시합니다.

   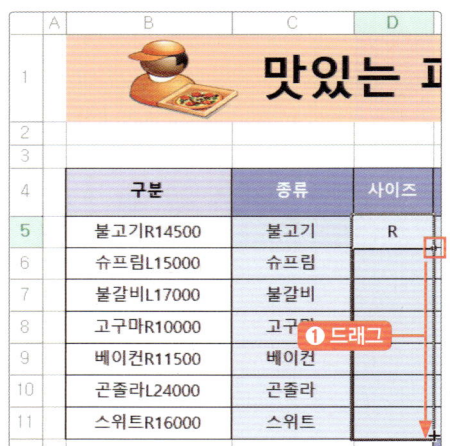

RIGHT 함수를 이용하여 피자 판매 금액을 구해 봅니다.

1. 구분[B5:B11]에서 오른쪽의 다섯 글자를 불러와 판매금액[E5:E11]에 표시하도록 합니다.

> ✅ **TIP** RIGHT 함수
> - 기능 : 문자열의 오른쪽에서 원하는 수 만큼의 문자를 가져와 표시하는 함수
> - 형식 : =RIGHT(문자열, 표시할 문자 수)

2. [E5] 셀을 클릭한 후, '=RIGHT('를 입력하고 마우스를 이용하여 [B5] 셀을 클릭합니다.

3. 이어서, ',5)'를 입력하고 Enter 키를 누릅니다.

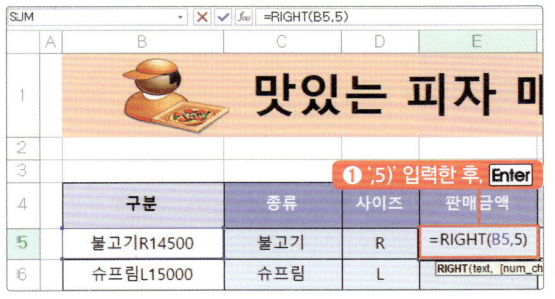
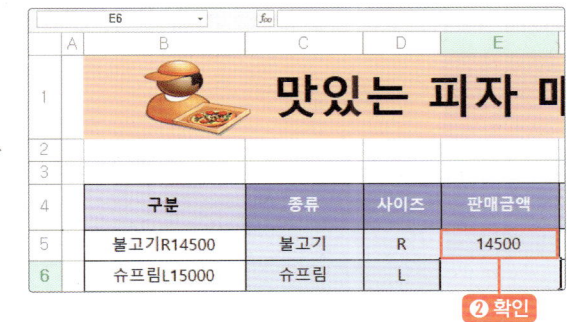

4. [E5] 셀의 채우기 핸들(┼)을 [E11] 셀까지 드래그하여 나머지 피자의 종류를 표시합니다.

04 RANK.EQ 함수를 이용하여 배달 판매순위를 구해 봅니다.

1. 배달 판매수량[G5:G11]을 이용하여 어떤 피자가 가장 많은 주문 배달이 있었는지 순위를 구해봅니다.

   > **TIP RANK.EQ 함수**
   > - 기능 : 특정 범위에서 순위를 구하는 함수
   > - 형식 : =RANK.EQ(순위를 구하려는 수, 데이터 범위, 순위 지정 방법)
   >   – 순위 지정 방법 : '0' 또는 생략시 내림차순, '0'이 아닌 숫자를 입력할 경우 오름차순으로 순위 지정

2. [H5] 셀을 클릭한 후, '=RANK.EQ('를 입력하고 마우스를 이용하여 [G5] 셀을 클릭합니다.

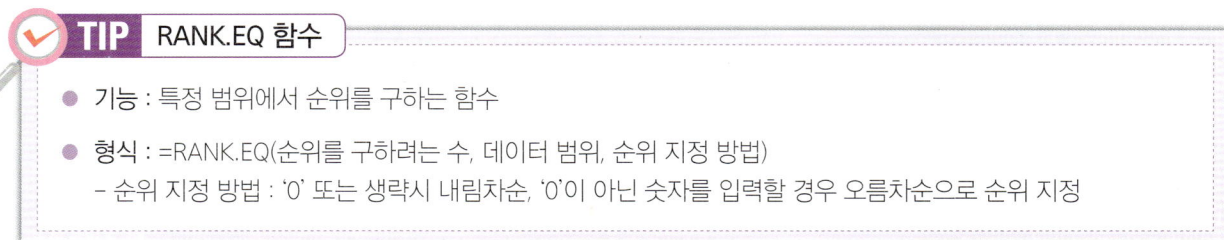

3. 이어서, ','를 입력한 후, 마우스를 이용하여 [G5] 셀부터 [G11] 셀까지 드래그합니다.

4. F4 키를 한 번 눌러 '$G$5:$G$11'과 같이 절대 참조로 지정합니다.

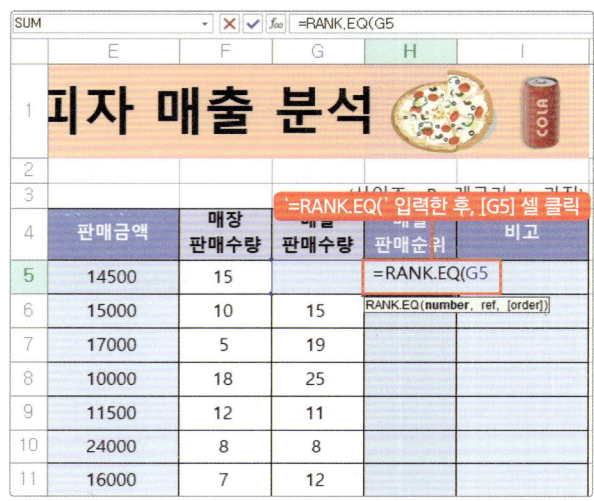

5. 앞의 함수식에서 '$G$5:$G$11'은 '배달 판매순위'로 순위를 비교하여 구하기 때문에 전체 비교를 위해 범위를 절대 참조로 지정한 것입니다.

6. 마지막으로 ')'를 입력하고 Enter 키를 누릅니다.

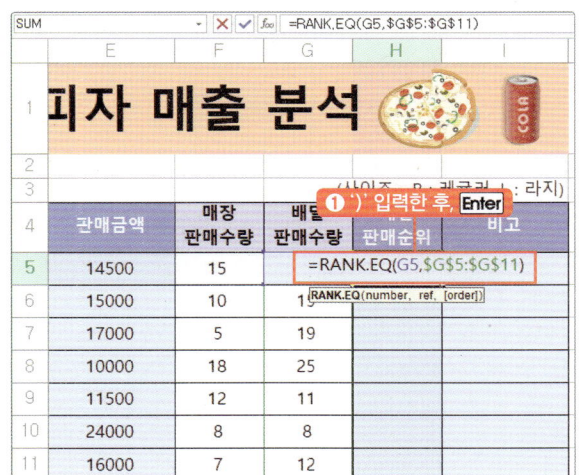 

7. [H5] 셀의 채우기 핸들(▪)을 [H11] 셀까지 드래그하여 나머지 순위도 계산합니다.

8. 위의 수식 '=RANK.EQ(G5,$G$5:$G$11)'처럼 수식의 마지막에 아무것도 입력하지 않을 경우 내림차순으로 순위를 지정할 것을 지시하게 됩니다.

9. 내림차순은 '배달 판매수량'이 가장 높은 값이 1순위, 두 번째로 높은 값이 2순위가 되도록 지정됩니다.

10. 만약, '=RANK.EQ(G5,$G$5:$G$11)'처럼 수식의 마지막에 '0'이 아닌 수를 입력한다면 오름차순으로 순위를 지정하게 됩니다.('배달 판매수량'이 가장 작은 값이 1순위가 되도록 지정)

05 IF 함수를 이용하여 배달 판매순위가 1~3위인 피자에 '할인권 증정'을 표시해 봅니다.

1. 배달 판매순위가 4~6위인 피자는 '30%할인'이 표시되도록 지정합니다.

   > **TIP** IF 함수와 관계 연산자
   >
   > - **IF 함수**
   >   - 기능 : 특정 조건을 지정하여 해당 조건에 만족하면 '참'에 해당하는 값을 표시 하며, 그렇지 않으면 '거짓'에 해당하는 값을 표시
   >   - 형식 : =IF(조건식, '참'일 때 수행할 내용, '거짓'일 때 수행할 내용)
   > - **관계 연산자**
   >
   > | = : 같다 | > : ~크다, ~초과 | < : ~작다, ~미만 |
   > |---|---|---|
   > | >= : ~크거나 같다, ~이상 | <= : ~작거나 같다, ~이하 | <> : ~다르다, ~같지 않다 |

2. IF 함수를 이용하며 '만약에~'라는 의미가 됩니다.

3. [I5] 셀을 클릭한 후, '=IF('를 입력하고 좌측 방향키(←)를 눌러 [H5] 셀을 지정합니다.

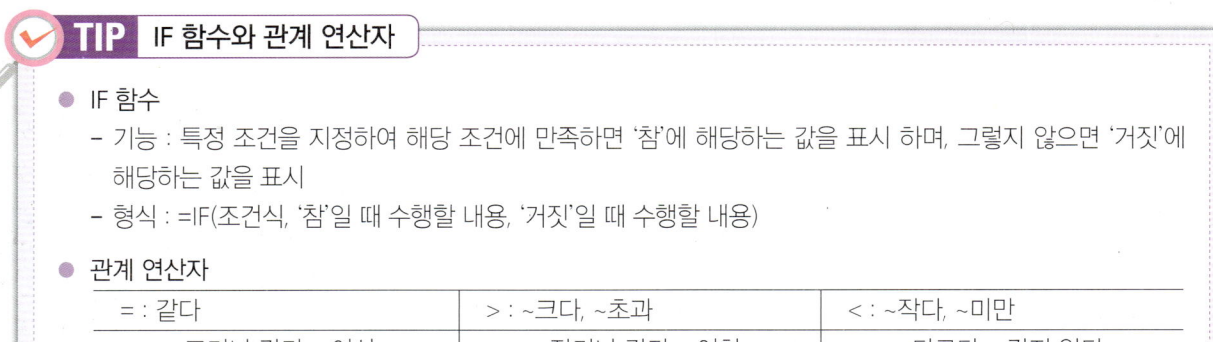

4. 이어서, '>=4,"30%할인","")'를 입력하고 Enter 키를 누릅니다.

> **TIP** =IF(H5>=4,"30%할인","")
>
> ❶ 함수명 : '만약에!'
> ❷ 조건식 : 배달 판매순위[H5]가 '>=4' → 4이상이면(4보다 크거나 같으면)
> ❸ 조건식이 '참'일 때 수행할 내용 : '30%할인'을 표시하고
> ❹ 조건식이 '거짓'일 때 수행할 내용 : '공백'을 표시합니다.

5. [I5] 셀의 채우기 핸들(⬚)을 [I11] 셀까지 드래그하여 나머지 비고의 결과도 표시합니다.

맛있는 피자 매출 분석

(사이즈 - R : 레귤러, L : 라지)

구분	종류	사이즈	판매금액	매장 판매수량	배달 판매수량	배달 판매순위	비고
불고기R14500	불고기	R	14500	15	22	2	
슈프림L15000	슈프림	L	15000	10	15	4	30%할인
불갈비L17000	불갈비	L	17000	5	19	3	
고구마R10000	고구마	R	10000	18	25		
베이컨R11500	베이컨	R	11500	12	11	6	30%할인
곤졸라L24000	곤졸라	L	24000	8	8	7	30%할인
스위트R16000	스위트	R	16000	7	12	5	30%할인

확인

06 SUM, AVERAGE 함수를 이용하여 판매금액, 판매수량의 합과 평균을 구해 봅니다.

1. 매장 판매수량, 배달 판매수량의 합계와 평균을 구해봅니다.

> **TIP** SUM 함수
>
> ● 기능 : 특정 범위의 합계를 구하는 함수
> ● 형식 : =SUM(셀 범위)

2. [F12] 셀을 클릭한 후, '=SUM('를 입력하고 마우스를 이용하여 [F5] 셀부터 [F11] 셀까지 드래그합니다.

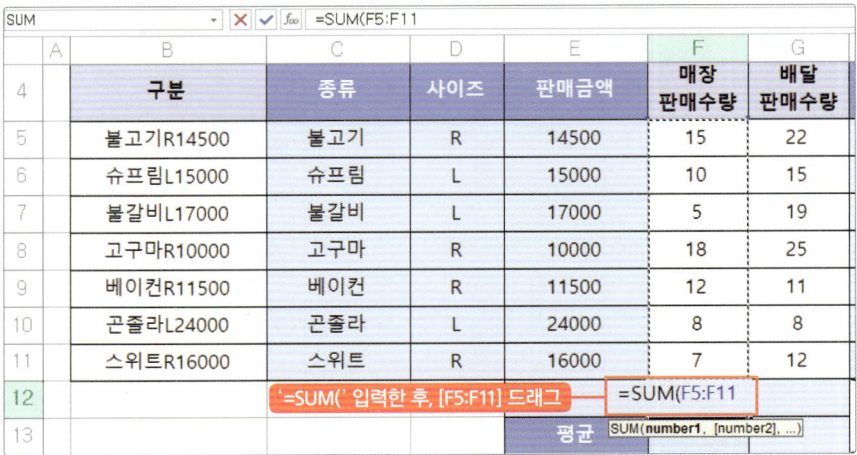

3. 이어서, ')'를 입력하고 Enter 키를 누릅니다.

4. [F12] 셀의 채우기 핸들을 [G12] 셀까지 드래그하여 배달 판매수량의 합계도 구해줍니다.

5. 매장 판매수량의 평균을 구하기 위하여 [F13] 셀을 클릭한 후, '=AVERAGE('를 입력하고 마우스를 이용하여 [F5] 셀부터 [F11] 셀까지 드래그합니다.

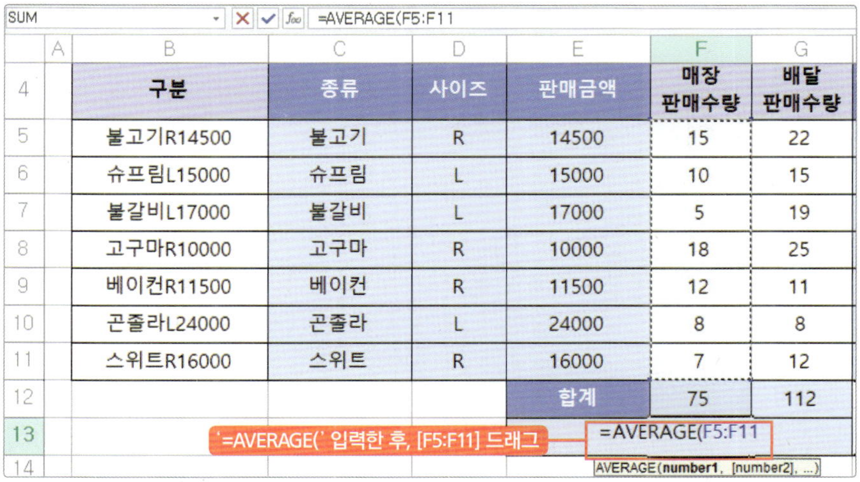

> **TIP AVERAGE 함수**
> - 기능 : 특정 범위의 평균을 구하는 함수
> - 형식 : =AVERAGE(셀 범위)

6. 이어서, ')'를 입력하고 Enter 키를 누릅니다.

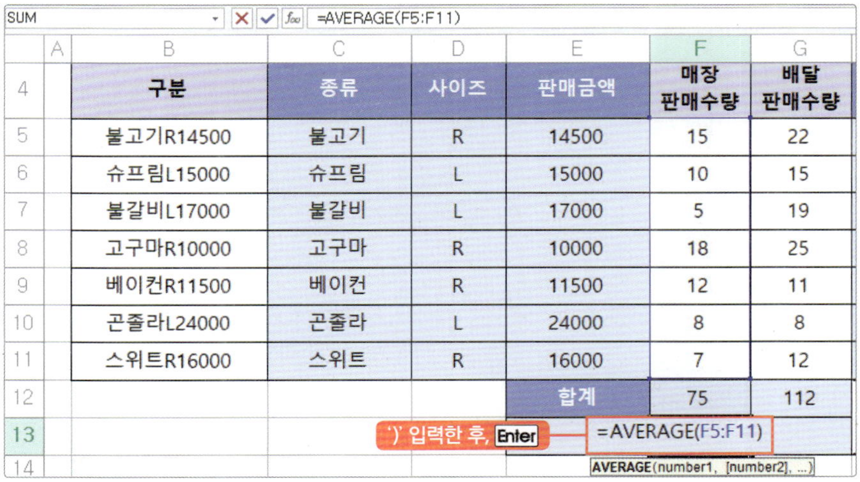

7. [F13] 셀의 채우기 핸들(⬛)을 [G13] 셀까지 드래그하여 배달 판매수량의 평균도 구해줍니다.

 드래그   확인

07 LARGE, SMALL, COUNTIF 함수를 이용하여 나머지 값을 구해 봅니다.

1. 매장 판매수량 중 2번째로 많이 팔린 피자 수량을 구하기 위하여 [F15] 셀을 클릭한 후, '=LARGE('를 입력하고 [F5:F11] 영역을 드래그합니다.

2. 이어서, ',2)'를 입력하고 Enter 키를 누릅니다.

	A	B	C	D	E	F	G	H	I
1			맛있는 피자 매출 분석						
2									
3								(사이즈 - R : 레귤러, L : 라지)	
4		구분	종류	사이즈	판매금액	매장 판매수량	배달 판매수량	배달 판매순위	비고
5		불고기R14500	불고기	R	14500	15	22	2	
6		슈프림L15000	슈프림	L	15000	10	15	4	30%할인
7		불갈비L17000	불갈비	L	17000	5	19	3	
8		고구마R10000	고구마	R	10000	18	25	1	
9		베이컨R11500	베이컨	R	11500	12	11	6	30%할인
10		곤졸라L24000	곤졸라	L	24000	8	8	7	30%할인
11		스위트R16000	스위트	R	16000	7	12	5	30%할인
12					합계	75	112		
13					평균	10.714286	16		
14									
15		매장 판매수량 중 2번째로 많이 팔린 피자 수량				15			
16		배달 판매수량 중 3번째로 적게 팔린 피자 수량							
17		사이즈가 'L'인 피자의 개수							

F15 =LARGE(F5:F11,2)

'=LARGE(F5:F11,2)'를 지정하고 Enter

> **TIP** LARGE 함수
> - 기능 : 특정 범위에서 입력한 숫자번째로 큰 값을 구하여 표시하는 함수
> - 형식 : =LARGE(셀 범위,숫자)

3. 배달 판매수량 중 3번째로 적게 팔린 피자 수량을 구하기 위하여 [F16] 셀을 클릭한 후, '=SMALL('를 입력하고 [G5:G11] 영역을 드래그합니다.

4. 이어서, ',3)'를 입력하고 Enter 키를 누릅니다.

구분	종류	사이즈	판매금액	매장 판매수량	배달 판매수량	배달 판매순위	비고
불고기R14500	불고기	R	14500	15	22	2	
슈프림L15000	슈프림	L	15000	10	15	4	30%할인
불갈비L17000	불갈비	L	17000	5	19	3	
고구마R10000	고구마	R	10000	18	25	1	
베이컨R11500	베이컨	R	11500	12	11	6	30%할인
곤졸라L24000	곤졸라	L	24000	8	8	7	30%할인
스위트R16000	스위트	R	16000	7	12	5	30%할인
			합계	75	112		
			평균	10.714286	16		
매장 판매수량 중 2번째로 많이 팔린 피자 수량				15			
배달 판매수량 중 3번째로 적게 팔린 피자 수량				12			
사이즈가 'L'인 피자의 개수							

(사이즈 - R : 레귤러, L : 라지)

'=SMALL(G5:G11,3)'를 지정하고 Enter

> **TIP** SMALL 함수
> - 기능 : 특정 범위에서 입력한 숫자번째로 작은 값을 구하여 표시하는 함수
> - 형식 : =SMALL(셀 범위,숫자)

5. [F17] 셀에 사이즈가 'L'인 피자의 개수를 표시하도록 합니다.

6. [F17] 셀을 클릭한 후, '=COUNTIF('를 입력하고 [D5:D11] 영역을 드래그합니다.

7. 이어서, ',"=L")'을 입력하고 Enter 키를 누릅니다.

> **TIP COUNTIF 함수**
> - 기능 : 셀 범위에서 조건에 만족하는 셀의 개수를 구하여 표시하는 함수
> - 형식 : =COUNTIF(셀 범위,조건)

8. 모든 작업이 끝나면 [파일]-[다른 이름으로 저장하기]를 클릭합니다.

9. [다른 이름으로 저장하기] 대화상자가 나오면 본인의 폴더에 '피자매출분석-1'로 저장합니다.

CHAPTER 09 미션 수행하기

미션 01 다음과 같이 함수식을 작성해 봅니다.

📂 **불러올 파일** : 나이와성별.cell   📄 **완성된 파일** : 나이와성별(완성).cell

	A	B	C	D	E	F	G
1		한국태권도 나이/성별 구하기					
2						<오후반>	
3		이름	주민등록번호	띠	나이	성별	
4		윤채영	021219-4857553	품띠	21	여자	
5		박성호	030815-3698899	파랑띠	20	남자	
6		나대로	041119-3636522	노랑띠	19	남자	
7		김나영	050320-4000555	빨강띠	18	여자	
8		윤준희	060506-3352321	품띠	17	남자	
9							
10		성별이 '남자'인 사람의 인원 수				3	
11		성별이 '여자'인 사람의 인원 수				2	
12							

❶ 나이[E4:E8] : 주민등록번호[C4:C8]를 이용하여 표시
   - 나이 : 2022 – 주민등록번호의 왼쪽에서 2글자 – 2000 + 1
   - LEFT 함수 이용

❷ 성별[F4:F9] : 주민등록번호[C4:C8]를 이용하여 표시
   - 주민등록번호의 왼쪽에서부터 8번째 자리가 3이면 '남자', 4이면 '여자'로 표시
   - IF와 MID 함수 이용

❸ 성별이 '남자'인 사람의 인원수[F10] : COUNTIF 함수 이용

❹ 성별이 '여자'인 사람의 인원수[F11] : COUNTIF 함수 이용

CHAPTER 10 주요 생활물가지수 만들기

★사용기능★ ☑ 행 높이 조절 ☑ 워드숍 ☑ 채우기 ☑ 그림 ☑ 조건부 서식

완성작품 미리보기

📁 불러올 파일 : 생활물가.cell   📁 완성된 파일 : 생활물가(완성).cell

잠깐 영재 퀴즈 코너!

[문제] 다음 사각형의 계산결과를 확인하고 ☆안에 들어갈 숫자를 맞춰보세요.

[정답]

	1	0	0	1	1		
	3	1	1	6	4	=	13

	0	1	0	1	0		
	9	4	1	7	2	=	11

	1	0	1	0	1		
	8	6	3	2	4	=	☆

행 높이를 조절하고 제목을 입력해 봅니다.

1. [1] 행 머리글에서 마우스 오른쪽 단추를 눌러 [행 높이 지정]을 클릭한 후, '60'을 입력하고 <설정> 단추를 클릭합니다.

2. 이어서, [3]~[6] 행, [8]~[11] 행, [13]~[17] 행을 **Ctrl** 키를 이용하여 드래그한 후, 마우스 오른쪽 단추를 눌러 [행 높이 지정]을 클릭합니다.

3. [행 높이] 대화상자가 나오면 '35'를 입력하고 <설정> 단추를 클릭합니다.

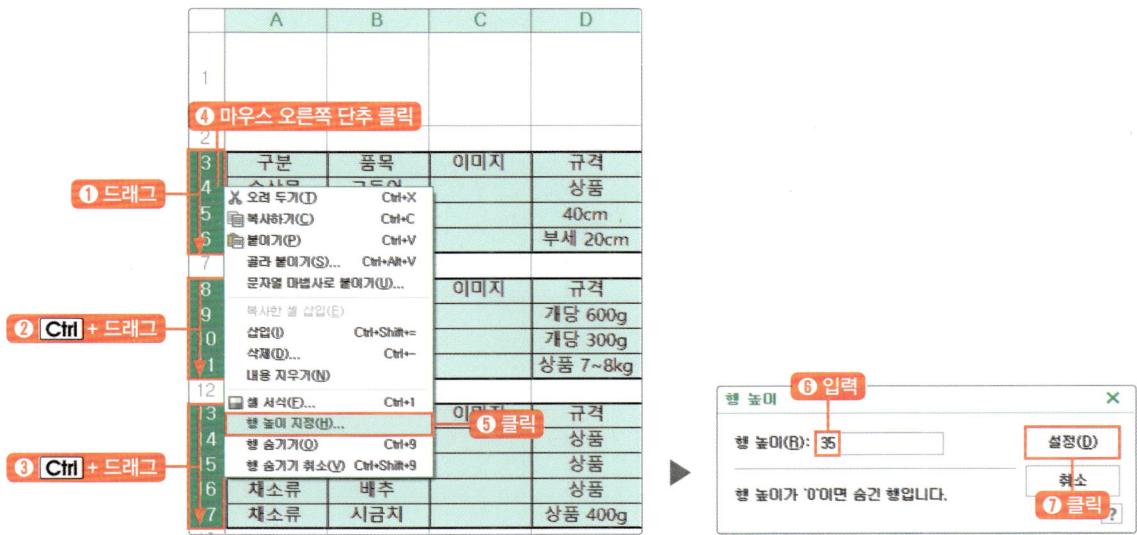

4. [A1] 셀을 클릭한 후, [입력] 탭의 [워드숍]을 클릭하고 '채우기 – 강조 2, 윤곽 – 강조 2(어두운 계열)'을 선택합니다.

CHAPTER 10_주요 생활물가지수 만들기 **089**

5. 다음과 같이 '주요 생활물가지수'를 입력하고 테두리 선을 클릭합니다.

6. [서식] 도구상자에서 '글꼴(HY엽서M), 글자 크기(40), 진하게'로 선택합니다. 이어서, 마우스 오른쪽 단추를 눌러 [개체 속성]을 클릭한 후, [개체 속성] 대화상자가 나오면 [기본] 탭의 [크기 및 회전] 항목에서 '너비(140), 높이(15)'를 지정하고 <설정> 단추를 클릭합니다.

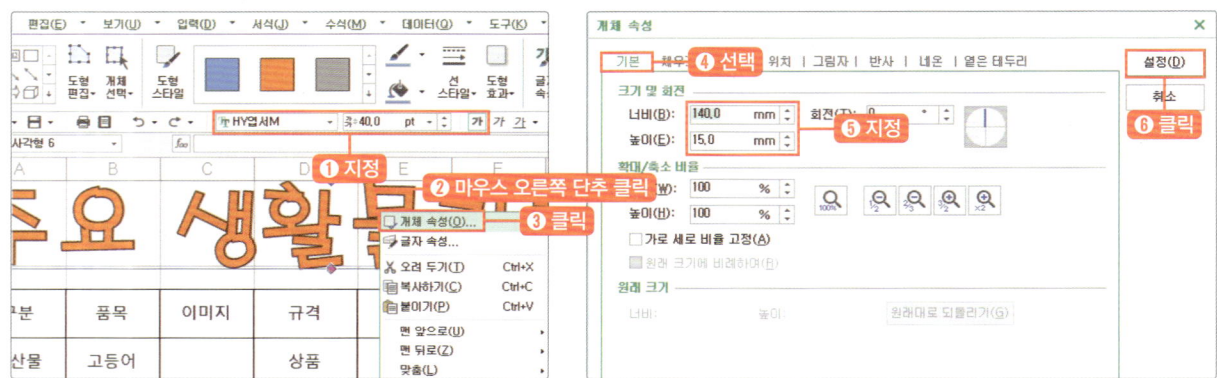

7. 마우스 포인터가 테두리 선에 위치한 상태에서 드래그하여 그림과 같이 위치시켜 줍니다.

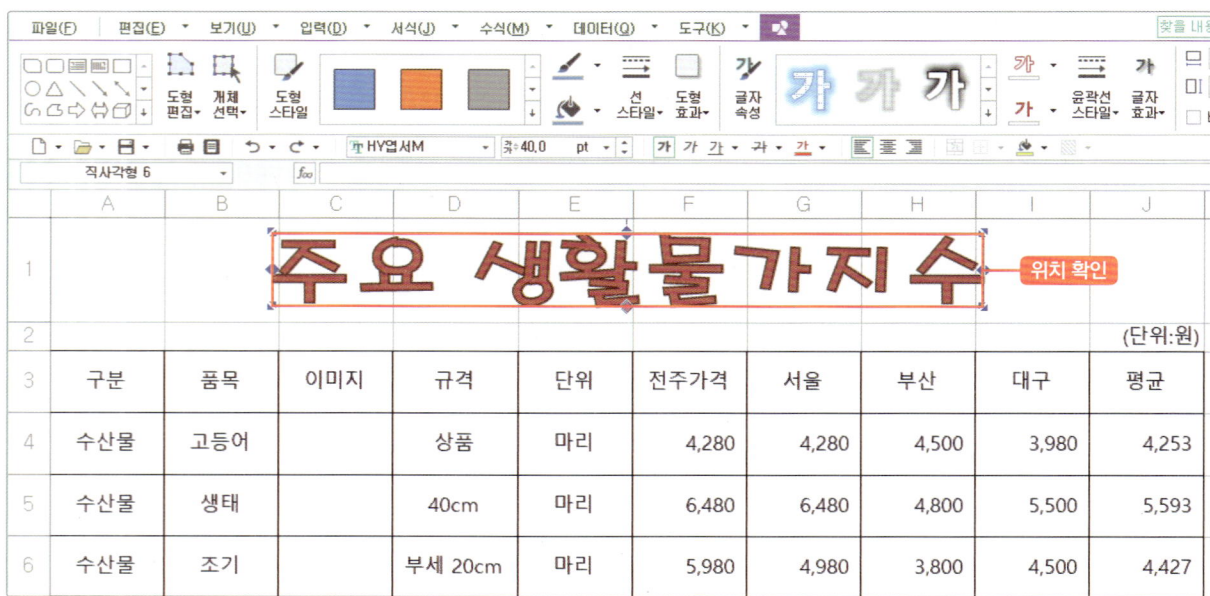

02 항목 이름에 채우기를 지정해 봅니다

1. [A3:J3] 영역을 드래그한 후, [서식] 도구 상자에서 '진하게, 채우기(하늘색 80% 밝게)'를 지정합니다.

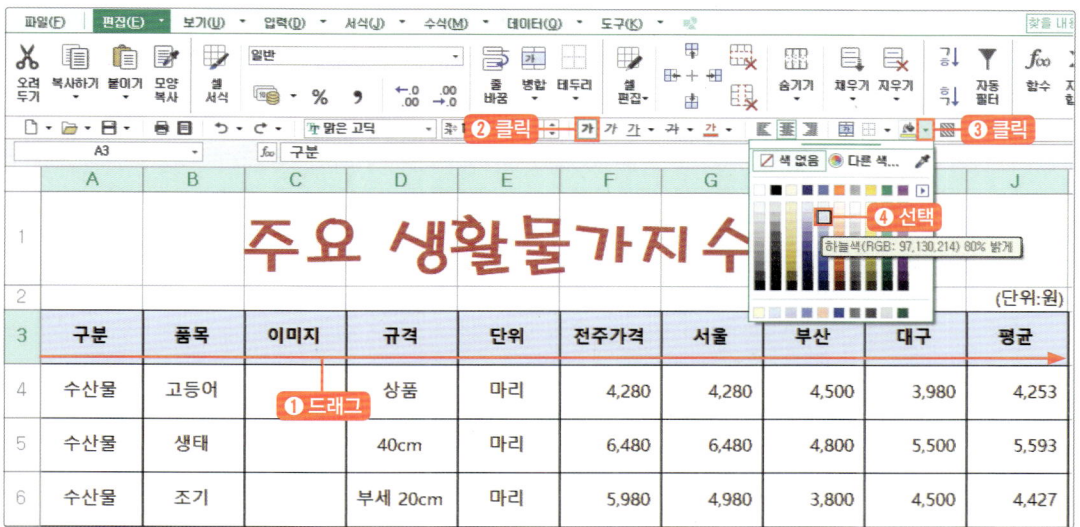

2. [A8:J3] 영역을 드래그한 후, '진하게, 채우기(주황 80% 밝게)'를 지정합니다.

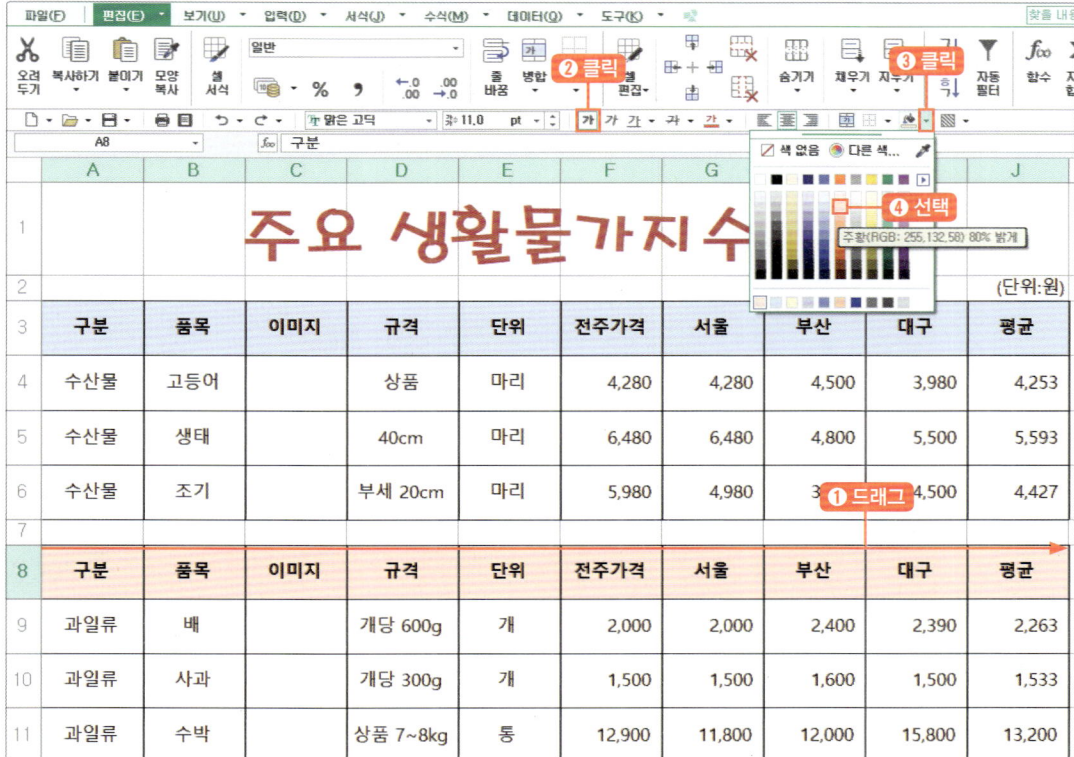

3. 이어서, [A13:J13] 영역을 드래그한 후, '진하게, 채우기(시멘트색 60% 밝게)'를 지정합니다.

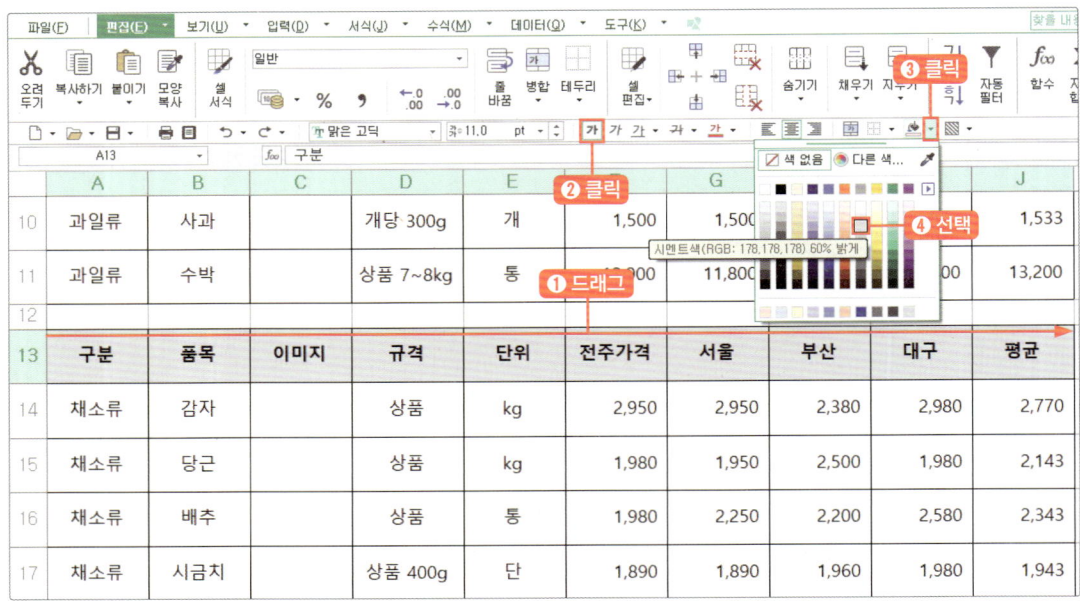

03 그림을 이용하여 품목별 해당 이미지를 삽입해 봅니다.

1. [C4] 셀을 클릭한 후, [입력] 탭의 [그림()]을 클릭합니다.

2. [그림 넣기] 대화상자가 나오면 [불러올 파일]-[10장] 폴더를 클릭한 후, '고등어.png' 파일을 선택하고 <넣기> 단추를 클릭합니다.

3. 고등어 그림을 [C4] 셀의 크기에 맞게 조절해 줍니다.

4. 나머지 그림도 동일한 방법으로 삽입하고 크기를 조절해 줍니다.

5. 다음과 같이 그림이 삽입된 것을 확인합니다.

04 데이터 막대 및 아이콘 집합으로 조건부 서식을 지정해 봅니다.

1. '조건부 서식'이란 특정 조건에 해당하는 셀이나 셀 범위를 강조하여 표시하거나 데이터를 데이터 막대, 색조, 아이콘 집합 등으로 표시하는 기능을 말합니다.

2. 전주가격[F4:F6]과 평균[J4:J6]에 데이터 막대를 이용한 조건부 서식을 지정해 봅니다.

3. 전주가격[F4:F6] 영역을 드래그하여 범위로 지정합니다.

4. [서식] 탭에서 [조건부 서식]-[데이터 막대]-[그라데이션 채우기 4]를 차례로 선택합니다.

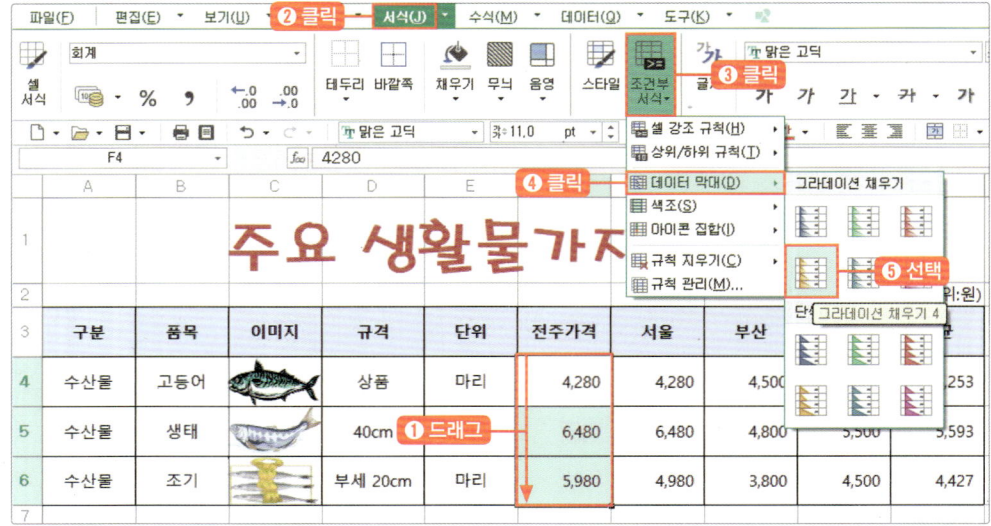

5. 평균[J4:J6] 영역을 드래그하여 범위로 지정합니다.

6. [서식] 탭에서 [조건부 서식]-[데이터 막대]-[그라데이션 채우기 1]를 차례로 선택합니다.

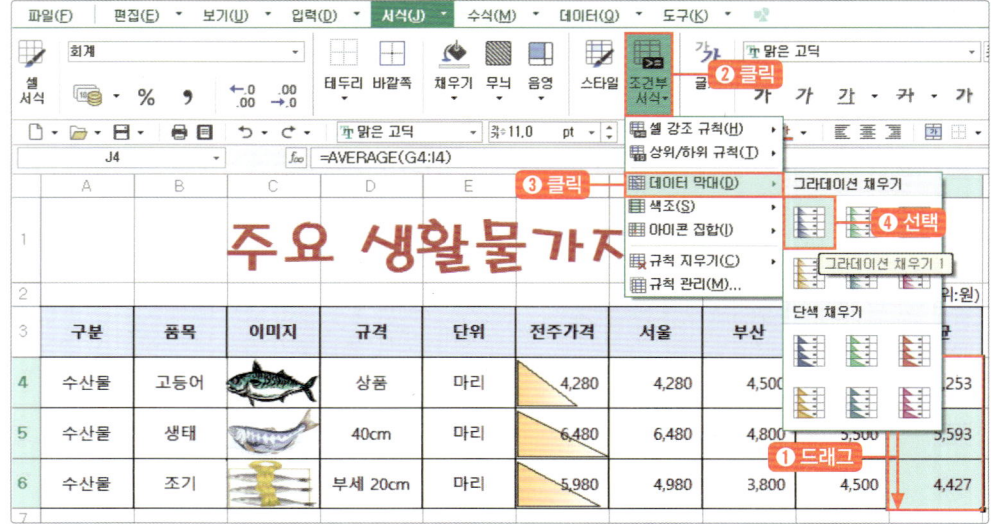

7. [G9:I11] 영역에 아이콘 집합을 이용한 조건부 서식을 지정해 보도록 합니다.

8. [G9:I11] 영역을 범위로 지정한 후, [서식] 탭에서 [조건부 서식]-[아이콘 집합]-[방향 5]를 차례로 선택합니다.

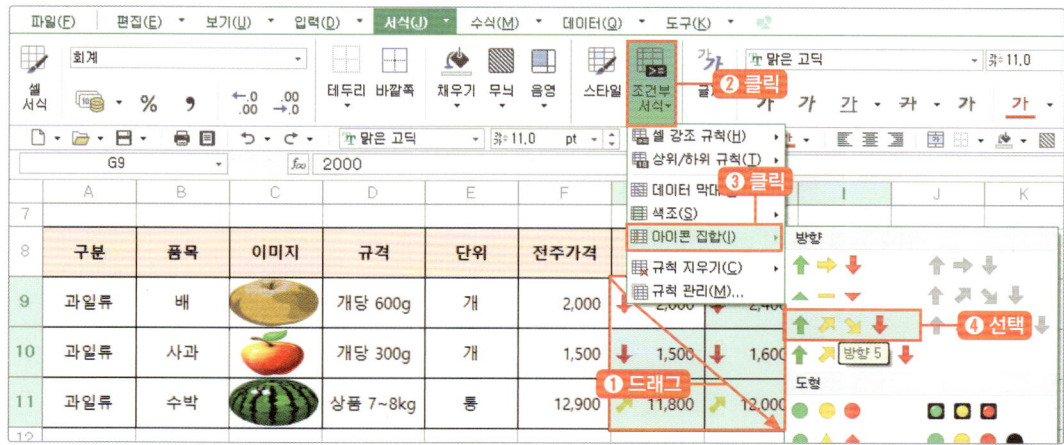

05 수식을 이용한 조건부 서식을 지정해 봅니다.

1. 수식을 이용하여 평균이 2,200 이상이면 행 전체에 글꼴을 '빨강'으로 지정하는 조건부 서식을 작성해 보도록 합니다.

2. [A14:J17] 영역을 드래그한 후, [서식] 탭에서 [조건부 서식]-[규칙 관리]를 차례대로 클릭합니다.

CHAPTER 10_주요 생활물가지수 만들기 **095**

3. [조건부 서식 관리] 대화상자가 나오면 [새 규칙(+)]을 클릭합니다. 이어서, 조건(표시 순서대로 적용)에서 '수식'을 선택한 후, '=$J14>=2200'을 입력하고 <서식> 단추를 클릭합니다.

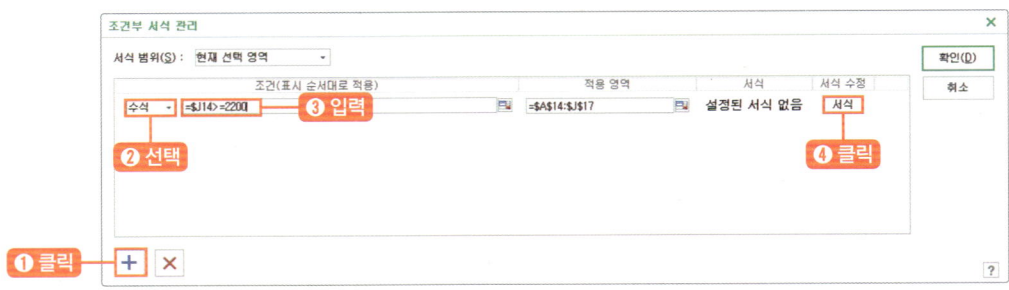

> **TIP** '수식'을 이용하여 행 전체에 서식을 지정할 경우
>
> '수식'을 이용하여 서식을 지정할 셀을 결정할 경우 반드시 열 고정 혼합번지([예]$J14)로 지정합니다.

4. [셀 서식] 대화상자가 나오면 [글자 기본] 탭의 글자 색 항목에서 '빨강'을 선택하고 <설정> 단추를 클릭합니다.

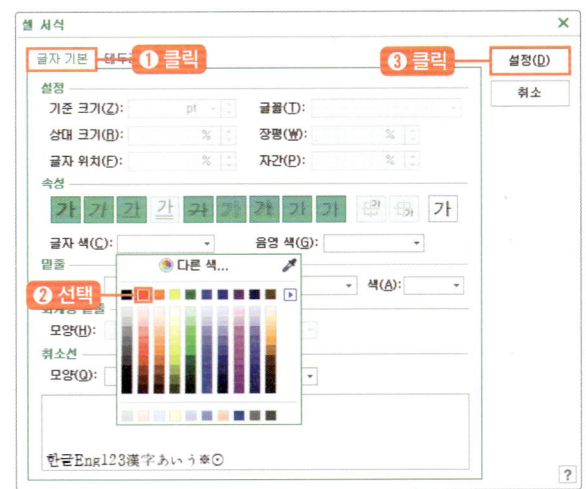

5. 이어서, [조건부 서식 관리] 대화상자가 다시 나오면 <확인> 단추를 클릭합니다.

6. [14], [16] 행에 조건부 서식이 지정된 것을 확인합니다.

	A	B	C	D	E	F	G	H	I	J
12										
13	구분	품목	이미지	규격	단위	전주가격	서울	부산	대구	평균
14	채소류	감자		상품	kg	2,950	2,950	2,380	2,980	2,770
15	채소류	당근		상품	kg	1,980	1,950	2,500	1,980	2,143
16	채소류	배추		상품	통	1,980	2,250	2,200	2,580	2,343
17	채소류	시금치		상품 400g	단	1,890	1,890	1,960	1,980	1,943

7. 모든 작업이 끝나면 [파일]-[다른 이름으로 저장하기]를 클릭합니다.

8. [다른 이름으로 저장하기] 대화상자가 나오면 본인의 폴더에 '생활물가-1'로 저장합니다.

CHAPTER 10 미션 수행하기

미션 01 다음과 같이 조건부 서식을 이용하여 작성해 봅니다.

📂 **불러올 파일** : 품목별지수.cell   📄 **완성된 파일** : 품목별지수(완성).cell

❶ 행 높이 : [1] 행(60), [3]~[14] 행(23)

❷ 제목
　- 워드숍(채우기 – 강조 3, 윤곽 – 강조 3(어두운 계열))
　- 글꼴(HY엽서M), 글자 크기(35), 진하게

❸ 그림 : 수산.png, 과일.png, 야채.png

❹ [A3:J3] 영역 : 채우기(하늘색 80% 밝게)

❺ 조건부 서식 : 아이콘 집합(별 3개)

CHAPTER 11 민지네 상반기 지출현황

★ 사용기능
- ✔ 쉼표 스타일
- ✔ 자동으로 열의 너비 조절
- ✔ 정렬
- ✔ 부분합

완성작품 미리보기

📁 불러올 파일 : 지출현황.cell   📁 완성된 파일 : 지출현황(완성).cell

항목	구분	1월	2월	3월	4월	5월	6월
결혼식	경조사비	100,000	150,000	-	100,000	100,000	200,000
돌잔치	경조사비	50,000	100,000	200,000	-	100,000	150,000
	경조사비 최댓값	100,000	150,000	200,000	100,000	100,000	200,000
	경조사비 평균	75,000	125,000	100,000	50,000	100,000	175,000
전기요금	공과금	34,500	43,500	38,500	42,300	43,000	57,800
수도요금	공과금	34,500	25,000	18,500	27,650	30,000	25,000
가스요금	공과금	225,000	230,000	185,000	150,000	75,000	35,000
	공과금 최댓값	225,000	230,000	185,000	150,000	75,000	57,800
	공과금 평균	98,000	99,500	80,667	73,317	49,333	39,267
학원비	교육비	250,000	250,000	300,000	250,000	250,000	300,000
	교육비 최댓값	250,000	250,000	300,000	250,000	250,000	300,000
	교육비 평균	250,000	250,000	300,000	250,000	250,000	300,000
식료품	생활비	123,500	130,000	125,000	135,000	150,000	145,000
외식	생활비	150,000	250,000	300,000	50,000	200,000	150,000
	생활비 최댓값	150,000	250,000	300,000	135,000	200,000	150,000
	생활비 평균	136,750	190,000	212,500	92,500	175,000	147,500
	전체 평균	120,938	147,313	145,875	94,369	118,500	132,850
	전체 최댓값	250,000	250,000	300,000	250,000	250,000	300,000

잠깐 영재 퀴즈 코너!

[문제] 다음 사각형의 계산결과를 확인하고 ☆안에 들어갈 숫자를 맞춰보세요.

1	9	5	2	3	=	10
2	6	4	8	1	=	11
3	8	1	1	2	=	☆

[정답]

'구분' 항목을 기준으로 오름차순 정렬을 해 봅니다.

1. '정렬'이란 데이터를 순서대로 재배열하는 기능으로 '오름차순 정렬'과 '내림차순 정렬'로 구분할 수 있습니다.

   ※ 오름차순 정렬 : 작은 것부터 큰 순서대로 정렬 [예] 숫자(1, 2, 3), 한글(가, 나, 다), 영문(A, B, C)

   ※ 내림차순 정렬 : 큰 것부터 작은 순서대로 정렬 [예] 숫자(3, 2, 1), 한글(다, 나, 가), 영문(C, B, A)

2. '구분' 항목을 기준으로 데이터를 오름차순 정렬하기 위하여 [C3] 셀을 클릭합니다.

3. [데이터] 탭에서 '오름차순( )' 아이콘을 클릭합니다.

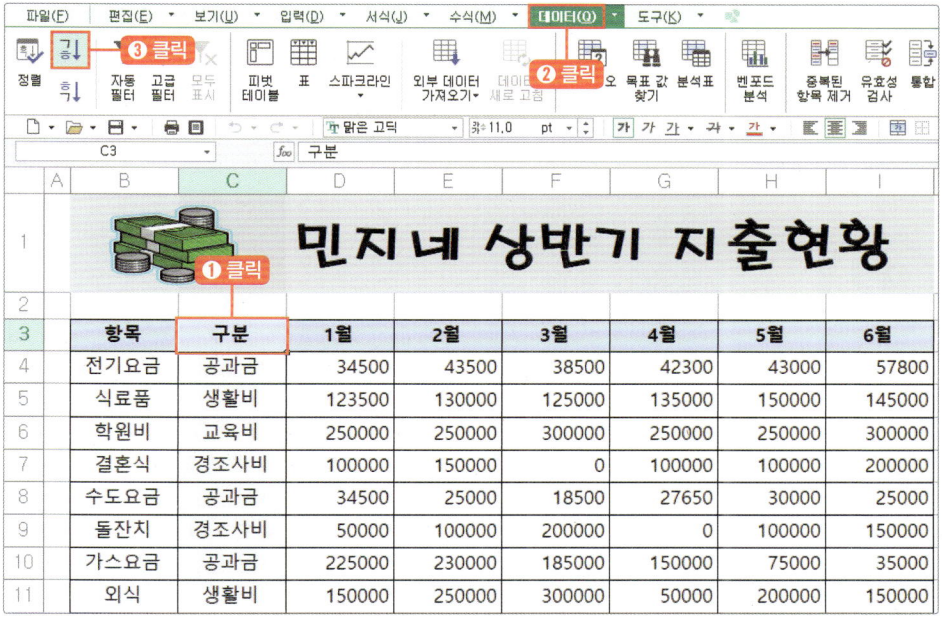

4. 다음과 같이 '구분' 항목을 기준으로 데이터가 오름차순으로 정렬된 것을 확인합니다.

	A	B	C	D	E	F	G	H	I
1				민지네 상반기 지출현황					
2									
3		항목	구분	1월	2월	3월	4월	5월	6월
4		결혼식	경조사비	100000	150000	0	100000	100000	200000
5		돌잔치	경조사비	50000	100000	200000	0	100000	150000
6		전기요금	공과금	34500	43500	38500	42300	43000	57800
7		수도요금	공과금	34500	25000	18500	27650	30000	25000
8		가스요금	공과금	225000	230000	185000	150000	75000	35000
9		학원비	교육비	250000	250000	300000	250000	250000	300000
10		식료품	생활비	123500	130000	125000	135000	150000	145000
11		외식	생활비	150000	250000	300000	50000	200000	150000

확인

> **TIP** [데이터] 탭에서 '정렬(📊)' 아이콘 실행
>
> - 한 번에 여러 가지 항목을 기준으로 데이터를 정렬할 수 있습니다.
> - 1차 기준 : '구분' 항목을 기준으로 '오름차순' 정렬
> - 2차 기준 : <기준 추가(➕)> 단추를 클릭한 후, '구분' 항목의 값이 동일할 경우 2차로 '1월' 항목의 값을 내림차순으로 정렬

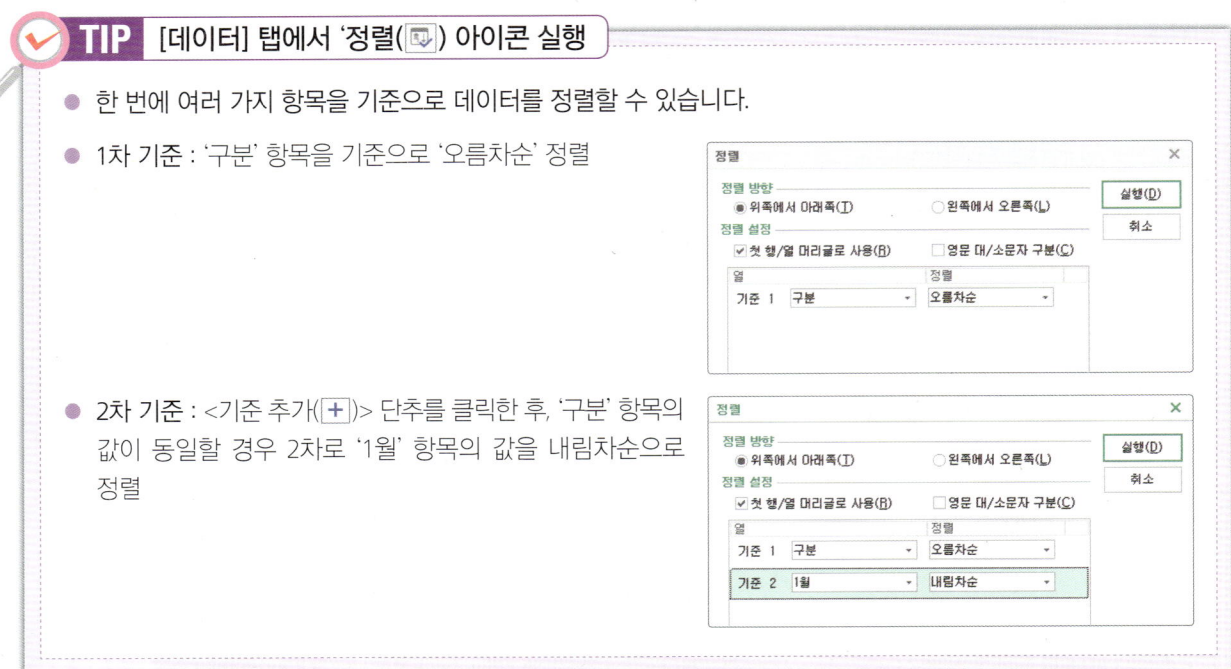

02 1차 부분합을 구해 봅니다.

1. 정렬된 '구분'을 기준으로 1월~6월까지 구분(경조사비, 공과금 등)별 평균을 계산해 봅니다.

   > **TIP** 부분합
   >
   > 특정 필드를 기준으로 데이터를 분류하고, 분류된 데이터별로 필요한 계산을 할 수 있는 기능을 말합니다.

2. [D4:I11] 영역을 드래그한 후, [홈] 탭에서 '쉼표 스타일()' 아이콘을 클릭하여 1월~6월 값에 세자리마다 콤마(,) 표시를 해 줍니다.

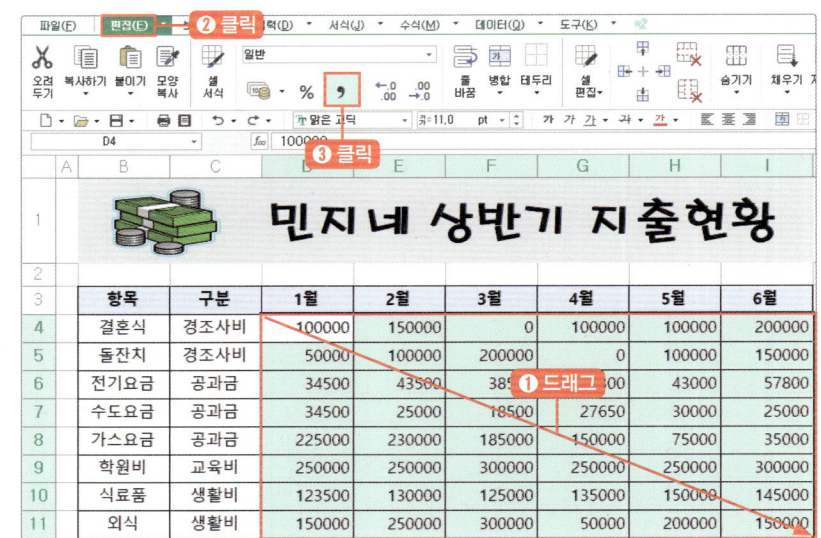

3. [C3] 셀을 클릭한 후(또는, [B3:I11] 영역 안에 셀 포인터를 위치), [데이터] 탭에서 [부분합()]을 클릭합니다.

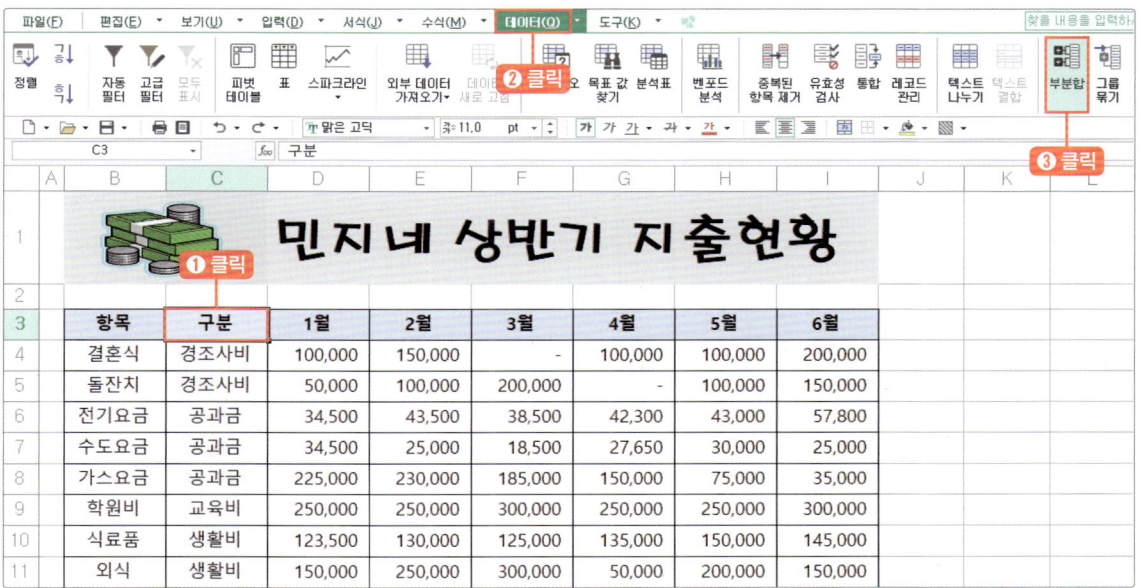

4. 그룹화할 항목에 '구분', 사용할 함수에 '평균', 부분합 계산 항목에 '1월', '2월', '3월', '4월', '5월', '6월'을 각각 선택한 후 <실행> 단추를 클릭합니다.

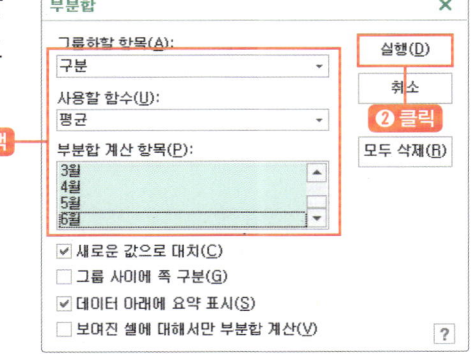

TIP [부분합] 대화상자

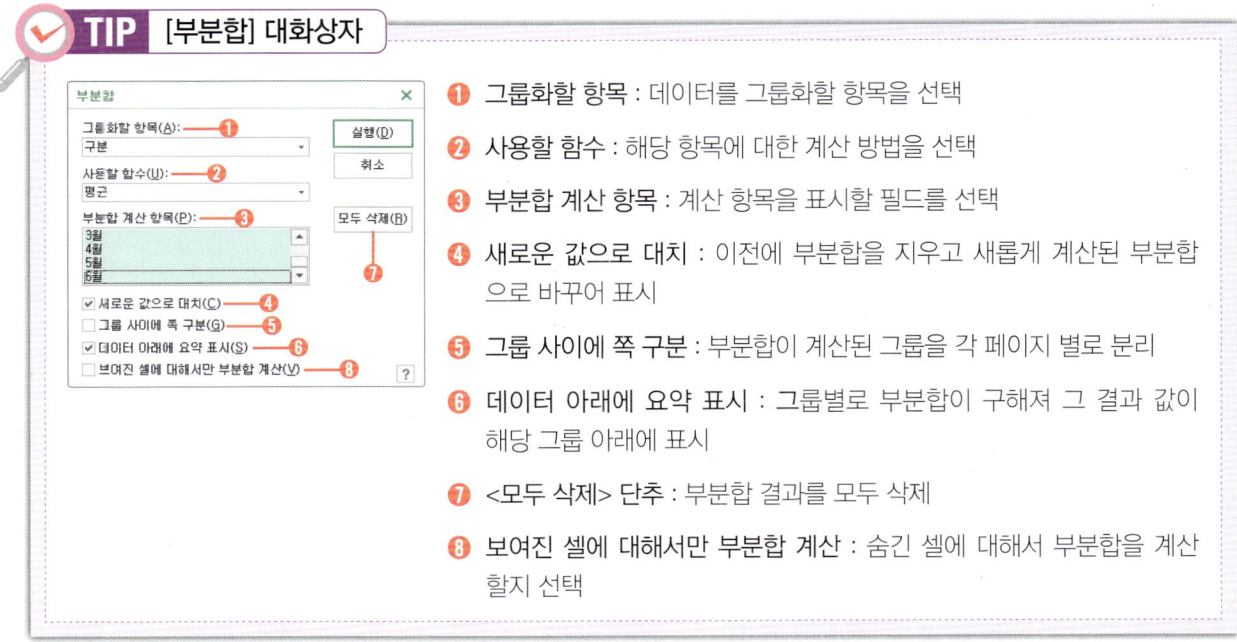

❶ 그룹화할 항목 : 데이터를 그룹화할 항목을 선택

❷ 사용할 함수 : 해당 항목에 대한 계산 방법을 선택

❸ 부분합 계산 항목 : 계산 항목을 표시할 필드를 선택

❹ 새로운 값으로 대치 : 이전에 부분합을 지우고 새롭게 계산된 부분합으로 바꾸어 표시

❺ 그룹 사이에 쪽 구분 : 부분합이 계산된 그룹을 각 페이지 별로 분리

❻ 데이터 아래에 요약 표시 : 그룹별로 부분합이 구해져 그 결과 값이 해당 그룹 아래에 표시

❼ <모두 삭제> 단추 : 부분합 결과를 모두 삭제

❽ 보여진 셀에 대해서만 부분합 계산 : 숨긴 셀에 대해서 부분합을 계산할지 선택

CHAPTER 11_민지네 상반기 지출현황 **101**

5. 다음과 같이 [C] 열과 [D] 열 머리글 사이에 마우스 포인터(↔)를 위치 시킨 후 더블 클릭합니다. (이때, [C] 열에서 가장 긴 데이터의 길이에 맞추어 [C] 열의 너비가 변경)

6. 구분(경조사비, 공과금, 교육비, 생활비)별 1월~6월의 평균값이 계산된 것을 확인합니다.

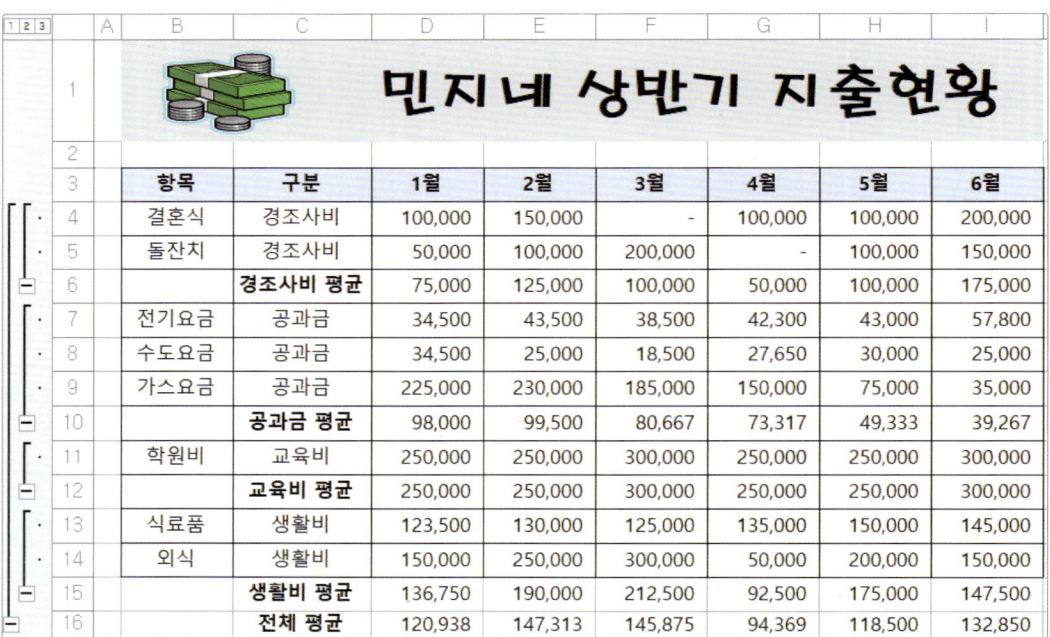

03 2차 부분합을 구해 봅니다.

1. 1차 부분합이 구해진 상태에서 2차 부분합을 작성해 보도록 합니다.

2. 각 그룹별 1월~6월의 최댓값을 계산하는 2차 부분합을 작성하기 위하여 [데이터] 탭에서 [부분합(　)]을 클릭합니다.

3. 사용할 함수에 '최댓값'을 지정하고 2차 부분합을 지정하기 위해서 '새로운 값으로 대치' 항목의 체크 표시를 해제한 후, <실행> 단추를 클릭합니다.

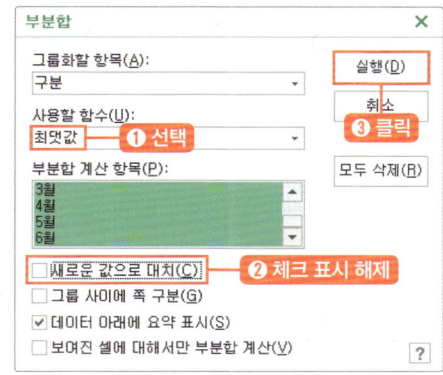

4. 만약, '새로운 값으로 대치' 항목의 체크 표시를 해제하지 않고 <실행> 단추를 클릭할 경우 1차 부분합 결과가 사라지고 '최댓값' 결과만 표시되게 됩니다.

5. 다음과 같이 1차(평균), 2차(최댓값)으로 부분합 결과가 표시된 것을 확인합니다.

항목	구분	1월	2월	3월	4월	5월	6월
결혼식	경조사비	100,000	150,000	-	100,000	100,000	200,000
돌잔치	경조사비	50,000	100,000	200,000	-	100,000	150,000
	경조사비 최댓값	100,000	150,000	200,000	100,000	100,000	200,000
	경조사비 평균	75,000	125,000	100,000	50,000	100,000	175,000
전기요금	공과금	34,500	43,500	38,500	42,300	43,000	57,800
수도요금	공과금	34,500	25,000	18,500	27,650	30,000	25,000
가스요금	공과금	225,000	230,000	185,000	150,000	75,000	35,000
	공과금 최댓값	225,000	230,000	185,000	150,000	75,000	57,800
	공과금 평균	98,000	99,500	80,667	73,317	49,333	39,267
학원비	교육비	250,000	250,000	300,000	250,000	250,000	300,000
	교육비 최댓값	250,000	250,000	300,000	250,000	250,000	300,000
	교육비 평균	250,000	250,000	300,000	250,000	250,000	300,000
식료품	생활비	123,500	130,000	125,000	135,000	150,000	145,000
외식	생활비	150,000	250,000	300,000	50,000	200,000	150,000
	생활비 최댓값	150,000	250,000	300,000	135,000	200,000	150,000
	생활비 평균	136,750	190,000	212,500	92,500	175,000	147,500
	전체 평균	120,938	147,313	145,875	94,369	118,500	132,850
	전체 최댓값	250,000	250,000	300,000	250,000	250,000	300,000

6. 모든 작업이 끝나면 [파일]-[다른 이름으로 저장하기]를 클릭합니다.

7. [다른 이름으로 저장하기] 대화상자가 나오면 본인의 폴더에 '지출현황-1'로 저장합니다.

> **TIP** 윤곽 기호 및 부분합 삭제
>
> - 윤곽 기호에서 2를 눌러 구분별 1월~6월의 평균 금액을 확인
>
>
>
> - 윤곽 기호에서 3을 눌러 구분별 1월~6월의 최댓값과 평균 금액을 확인
>
>
>
> - [부분합] 대화상자에서 <모두 삭제> 단추를 누르면 지정된 부분합이 모두 취소됩니다.

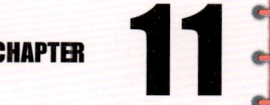

CHAPTER 11 미션 수행하기

미션 01 다음과 같이 정렬한 후, 부분합을 지정해 봅니다.

📂 불러올 파일 : 월별지출.cell   📗 완성된 파일 : 월별지출(완성).cell

① 정렬 : '구분'을 기준으로 '내림차순' 정렬
② 부분합 : '구분'별 '금액'의 '합계'와 '평균'을 계산

	A	B	C
1		진구네 월별 지출금액	
2			
3	구분	항목	금액
4	통신비	가족휴대폰요금	₩ 165,000
5	통신비	인터넷요금	₩ 25,000
6	통신비 평균		₩ 95,000
7	통신비 합계		₩ 190,000
8	이자	아파트대출	₩ 350,000
9	이자	자동차할부	₩ 250,000
10	이자 평균		₩ 300,000
11	이자 합계		₩ 600,000
12	교육비	재석이 영어학원	₩ 350,000
13	교육비	광수 유치원비	₩ 300,000
14	교육비	지효 학원비	₩ 250,000
15	교육비 평균		₩ 300,000
16	교육비 합계		₩ 900,000
17	총 합계		₩ 1,690,000
18	전체 평균		₩ 241,429

미션 02 다음과 같이 정렬한 후, 부분합을 지정해 봅니다.

📂 불러올 파일 : 중간고사.cell   📗 완성된 파일 : 중간고사(완성).cell

① 정렬 : '성별'을 기준으로 '오름차순' 정렬
② 부분합 : '성별'별 '국어', '영어', '수학' 점수의 '평균'과 '최솟값'을 계산

	A	B	C	D	E
1			중간고사 점수현황		
2					
3	이름	성별	국어	영어	수학
4	윤준희	남	75	80	90
5	박준기	남	80	80	85
6	황정국	남	80	90	95
7	이민기	남	85	100	90
8		남 최솟값	75	80	85
9		남 평균	80	87.5	90
10	이채영	여	95	90	70
11	김소은	여	90	90	75
12	임소정	여	85	85	80
13	남은지	여	85	100	90
14		여 최솟값	85	85	70
15		여 평균	88.75	91.25	78.75
16		전체 평균	84.375	89.375	84.375
17		전체 최솟값	75	80	70

CHAPTER 12 기부문화 참여자 명단 만들기

★사용기능★ ✓ 워드숍 ✓ 셀 서식 ✓ 자동 필터 ✓ 고급 필터

완성작품 미리보기

📂 불러올 파일 : 기부문화.cell   📄 완성된 파일 : 기부문화(완성).cell

	A	B	C	D	E	F
1	나눌수록 커지는 기부문화 참여자 명단						
2						
3		이름	기부형태	후원종류	금액	기부날짜	기간
4		정재석	정기후원	계좌이체	₩ 15,000	매월 10일	2014년부터
5		윤준희	정기후원	일반전화	₩ 20,000	매월 15일	2012년부터
6		김명수	일시후원	인터넷	₩ 50,000	5, 10일	2004년부터
7		장흥철	물품후원	학용품	₩ -	매월 10일	2009년부터
8		박광수	일시후원	계좌이체	₩ 100,000	1, 15일	2007년부터
9		이민기	물품후원	의약품	₩ -	매월 20일	2013년부터
10		신문고	정기후원	계좌이체	₩ 10,000	매월 15일	2014년부터
11		박정은	재능기부	직접참여	₩ -	매월 30일	2011년부터
12						
13			후원종류	금액			
14			계좌이체	>=15000			
15						
16		이름	기부형태	후원종류	금액	기부날짜	기간
17		정재석	정기후원	계좌이체	₩ 15,000	매월 10일	2014년부터
18		박광수	일시후원	계좌이체	₩ 100,000	1, 15일	2007년부터

잠깐 영재 퀴즈 코너!

[문제] 각 출발점 왼쪽에서 화살표 방향으로 진행하여 결과를 확인하고 ☆안에 들어갈 숫자를 맞춰보세요.

[정답]

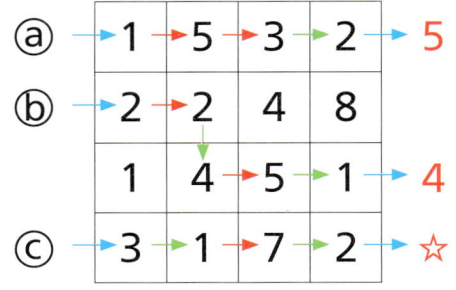

제목과 서식을 지정해 봅니다.

1. [1] 행 머리글에서 마우스 오른쪽 단추를 눌러 [행 높이 지정]을 클릭한 후, '40'을 입력하고 <설정> 단추를 클릭합니다.

2. [A1:F1] 영역을 드래그한 후, [서식] 도구 상자에서 '병합하고 가운데 맞춤( )' 아이콘을 클릭합니다.

3. 이어서, [입력] 탭에서 [워드숍( )]을 클릭하고 '채우기 – 강조6(그라데이션), 윤곽 – 강조 6, 그림자'를 선택합니다.

4. '나눌수록 커지는 기부문화! 참여자 명단'을 입력한 후, 테두리 선을 클릭합니다.

5. [서식] 도구 상자에서 '글꼴(HY엽서M), 글자 크기(22), 진하게', '가운데 정렬( )'을 지정합니다.

6. 이어서, 마우스 포인터가 테두리 선에 위치한 상태에서 드래그하여 그림과 같이 위치시켜 줍니다.

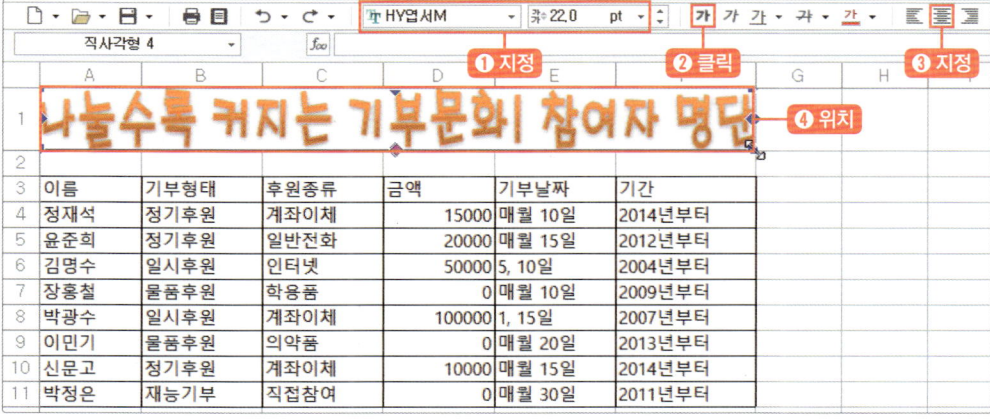

7. [A3:F11] 영역을 드래그한 후, [서식] 도구 상자에서 '가운데 정렬(≡)' 아이콘을 클릭합니다.

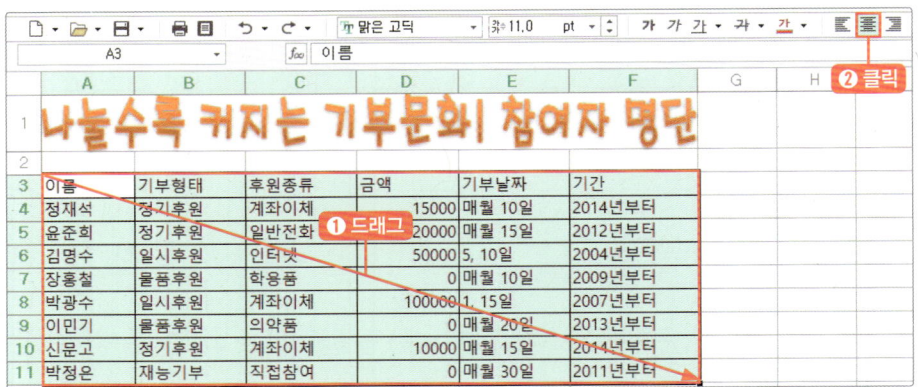

8. [A3:F3] 영역을 드래그한 후, [서식] 도구 상자에서 '채우기(파랑 80% 밝게)'를 지정합니다.

9. [D4:D11] 영역을 드래그한 후, [서식] 탭에서 '회계 표시 형식(🖰)' 아이콘을 클릭합니다.

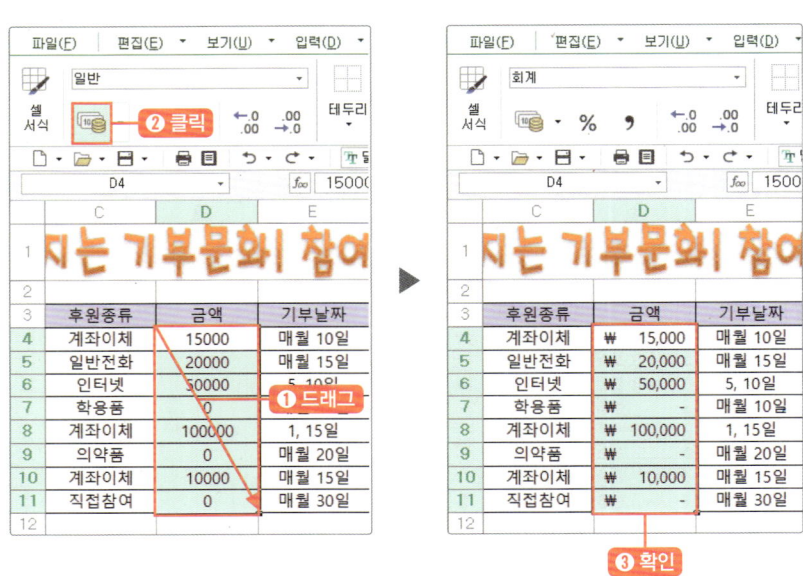

02 자동 필터를 지정해 봅니다.

1. '자동 필터'란 조건에 해당하는 자료들을 검색하여 표시하는 기능으로 원하는 데이터를 빠르게 찾아볼 수 있습니다.

2. [A3] 셀을 클릭한 후, [데이터] 탭에서 [자동 필터(▼)]를 클릭합니다.

3. 다음과 같이 각 필드 오른쪽에 필터 목록(▼) 단추가 생성된 것을 확인합니다.

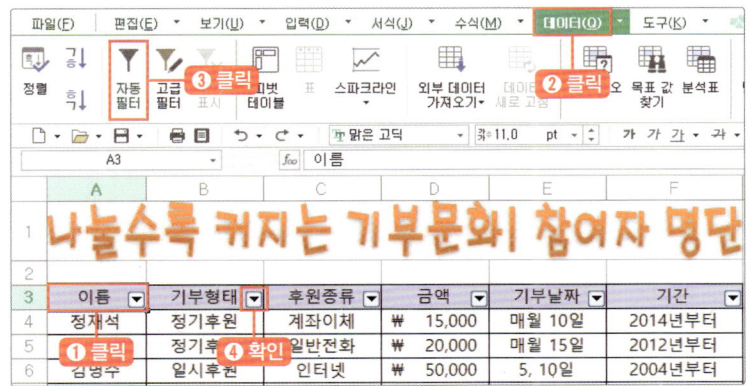

4. '기부형태' 필드 오른쪽의 필터 목록(▼) 단추를 클릭한 후, [텍스트 필터]-[같음]을 클릭합니다.

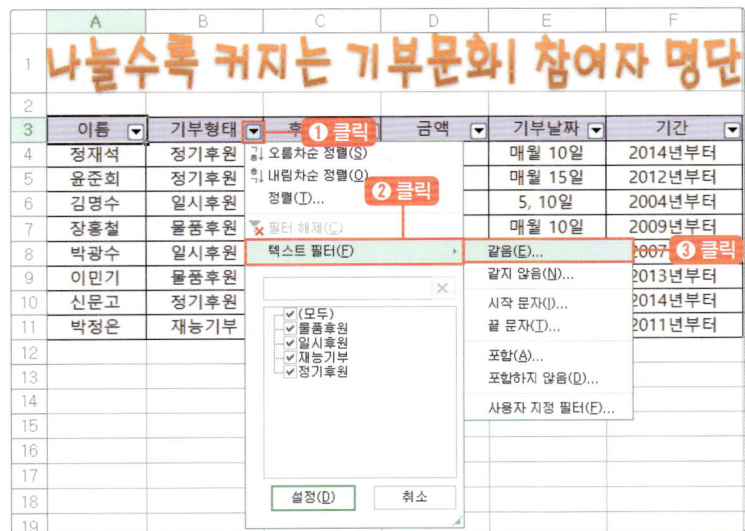

5. [사용자 정의 자동 필터] 대화상자가 나오면 '기부형태'에서 '='(자동으로 '같음'이 지정)과 '정기후원'을 다음과 같이 선택한 후, <확인> 단추를 클릭합니다.

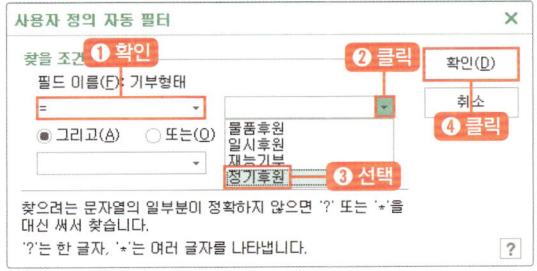

CHAPTER 12_기부문화 참여자 명단 만들기 **109**

> **TIP** '기부형태' 필드에서 '정기회원' 데이터만 필터하는 또다른 방법
>
> ● 방법1
>
> ● 방법2

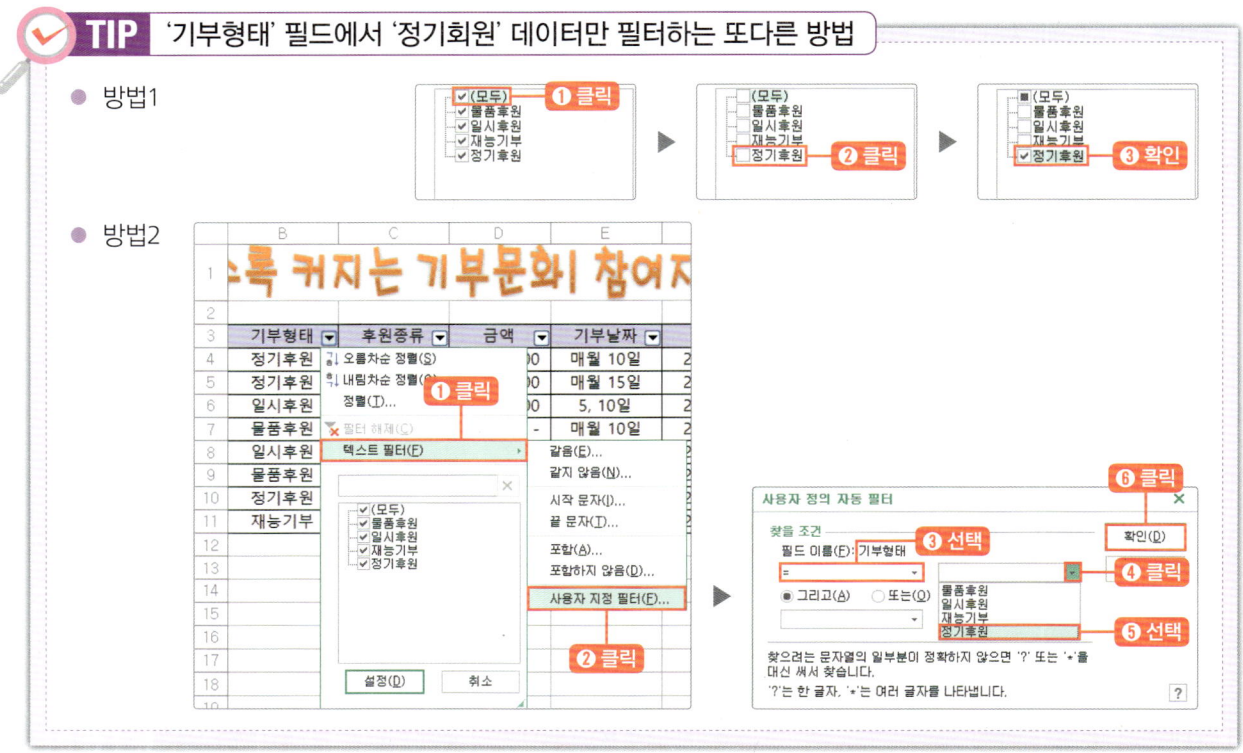

6. 이어서, '금액' 필드 오른쪽의 필터 목록(▼) 단추를 클릭한 후, [숫자 필터]-[크거나 같음]을 클릭합니다.

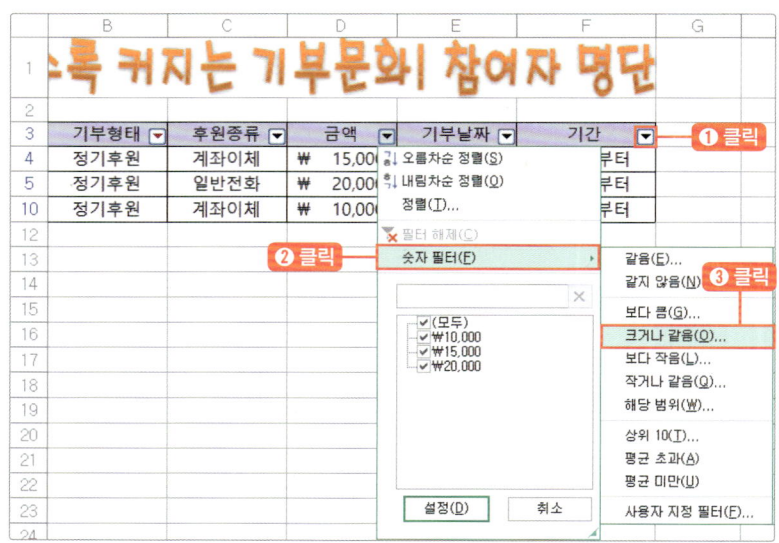

7. [사용자 정의 자동 필터] 대화상자가 나오면 '금액'에서 '>='(자동으로 '크거나 같음'이 지정)와 '15,000'을 선택한 후, <확인> 단추를 클릭합니다.

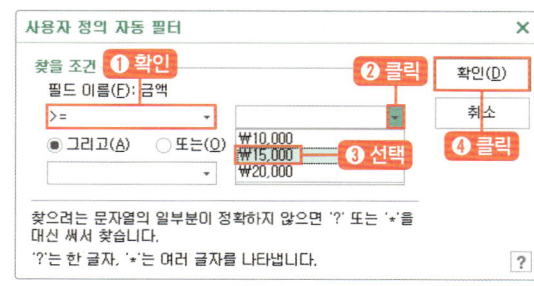

8. 다음과 같이 '기부형태'가 '정기후원'이면서 '금액'이 '15,000' 이상인 데이터만 필터되어 표시된 것을 확인할 수 있습니다.

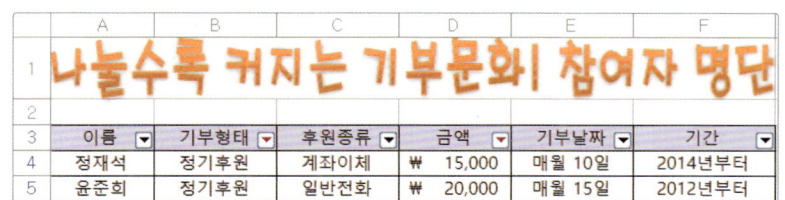

03 자동 필터를 해제해 봅니다.

1. 자동 필터가 지정된 필드('기부형태', '금액') 오른쪽에는 ▼ 표시가 나타나는 것을 알 수 있습니다.

2. 다음과 같이 '금액'과 '기부형태'의 필터 결과를 해제하여 모든 데이터가 표시되도록 지정합니다.

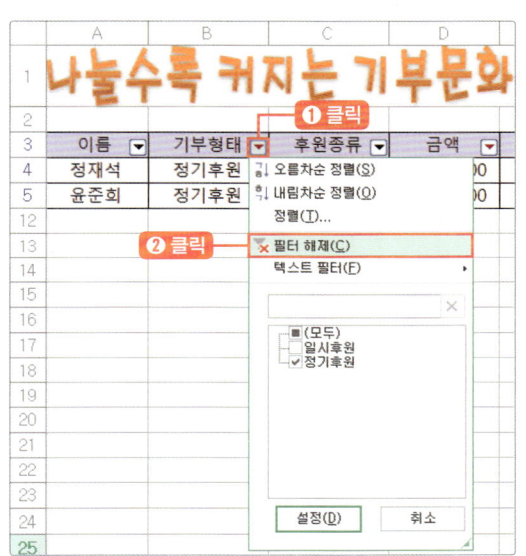 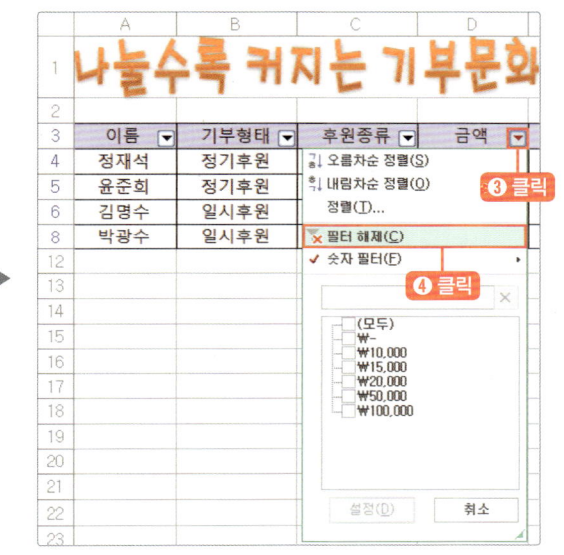

3. 이어서, [데이터] 탭에서 [자동 필터(▼)]를 클릭하여 완전히 해제합니다.

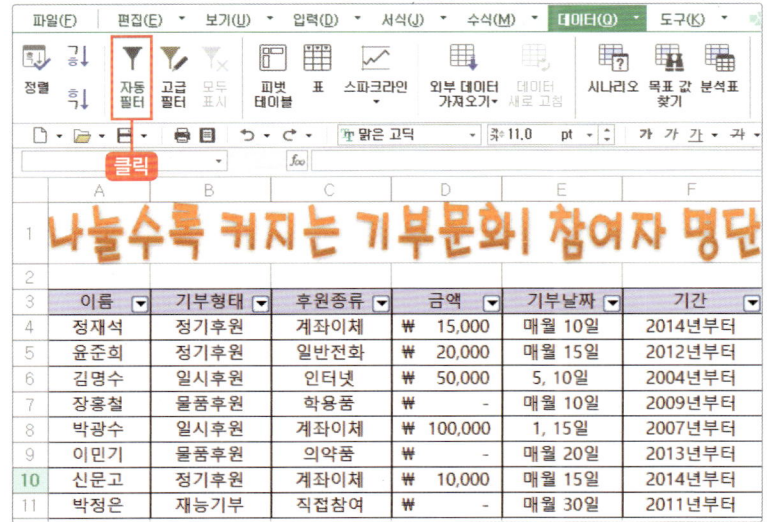

CHAPTER 12_기부문화 참여자 명단 만들기 **111**

04 고급 필터의 조건을 입력해 봅니다.

1. '고급 필터'란 '자동 필터'와 달리 특정 조건을 셀에 입력한 후, 원하는 자료만 검색하여 다른 위치에 검색 결과를 표시할 수 있는 기능을 말합니다.

2. 이제부터 '후원종류'가 '계좌이체'이고 '금액'이 '15000' 이상인 데이터만 표시될 수 있도록 조건을 지정해 보도록 합니다.

3. [B13] 셀을 클릭한 후, 다음과 같이 데이터를 입력합니다.

	A	B	C	D
12				
13		후원종류	금액	
14		계좌이체	>=15000	
15				

4. 조건은 같은 행에 입력할 경우 '후원종류'와 '금액' 두 가지 조건을 모두 만족하는 데이터만 출력하여 표시하게 됩니다.

> **TIP 조건의 입력**
>
> - AND 조건(조건을 서로 같은 행에 입력할 경우 : 두 가지를 모두 만족해야 표시)
>   : '후원종류'가 '계좌이체'이면서, '금액'이 '15000' 이상인 데이터만 표시
>
> | | A | B | C | D |
> |----|---|---|---|---|
> | 12 | | | | |
> | 13 | | 후원종류 | 금액 | |
> | 14 | | 계좌이체 | >=15000 | |
> | 15 | | | | |
>
> - OR 조건(조건을 서로 다른 행에 입력할 경우 : 둘 중 하나만 만족해도 표시)
>   : '후원종류'가 '계좌이체'이거나, '금액'이 '15000' 이상인 데이터만 표시
>
> | | A | B | C | D |
> |----|---|---|---|---|
> | 12 | | | | |
> | 13 | | 후원종류 | 금액 | |
> | 14 | | 계좌이체 | | |
> | 15 | | | >=15000 | |
>
> - 조건을 입력할 때 필드명('이름', '기부형태', '후원종류' 등)은 반드시 목록 범위의 필드명과 동일하게 입력해야 합니다.
>   :예] 목록 범위 '후원종류' → 조건 '후원 종류', '후원항목'(X), '후원종류'(O)

고급 필터의 결과를 표시해 봅니다.

1. [A3] 셀을 클릭한 후, [데이터] 탭에서 [고급필터( )]를 클릭합니다.

2. [고급 필터] 대화상자가 나오면 고급 필터를 이용하여 데이터를 검색할 '데이터 범위'를 확인합니다.

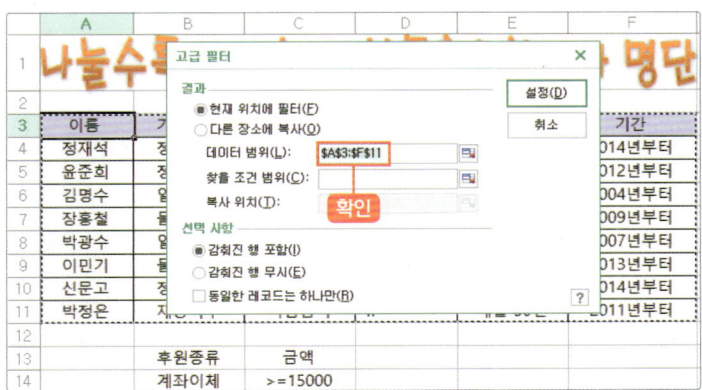

3. '다른 장소에 복사'를 선택하고 '찾을 조건 범위' 오른쪽 상자를 클릭한 후, [B13:C14] 영역을 드래그합니다.

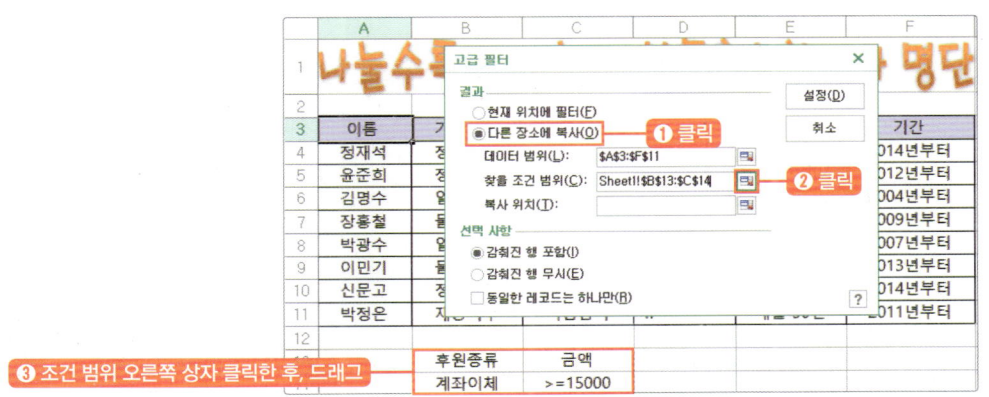

4. '복사 위치' 오른쪽 상자를 클릭하고 [A16] 셀을 클릭한 후, <설정> 단추를 클릭합니다.

CHAPTER 12_기부문화 참여자 명단 만들기 **113**

5. [A3:F11] 목록 범위에서 '후원종류'가 '계좌이체'이면서 '금액'이 '15000' 이상인 데이터만 검색하여 [A16] 셀을 기준으로 표시합니다.

6. 모든 작업이 끝나면 [파일]-[다른 이름으로 저장하기]를 클릭합니다.

7. [다른 이름으로 저장하기] 대화상자가 나오면 본인의 폴더에 '기부문화-1'로 저장합니다.

> **TIP 다음과 같이 조건을 서로 다른 행에 입력할 경우**
>
> '후원종류'가 '계좌이체'이거나, '금액'이 '15000' 이상인 데이터 즉, 둘 중 한가지 조건만 만족하는 데이터라면 모두 표시하게 됩니다.

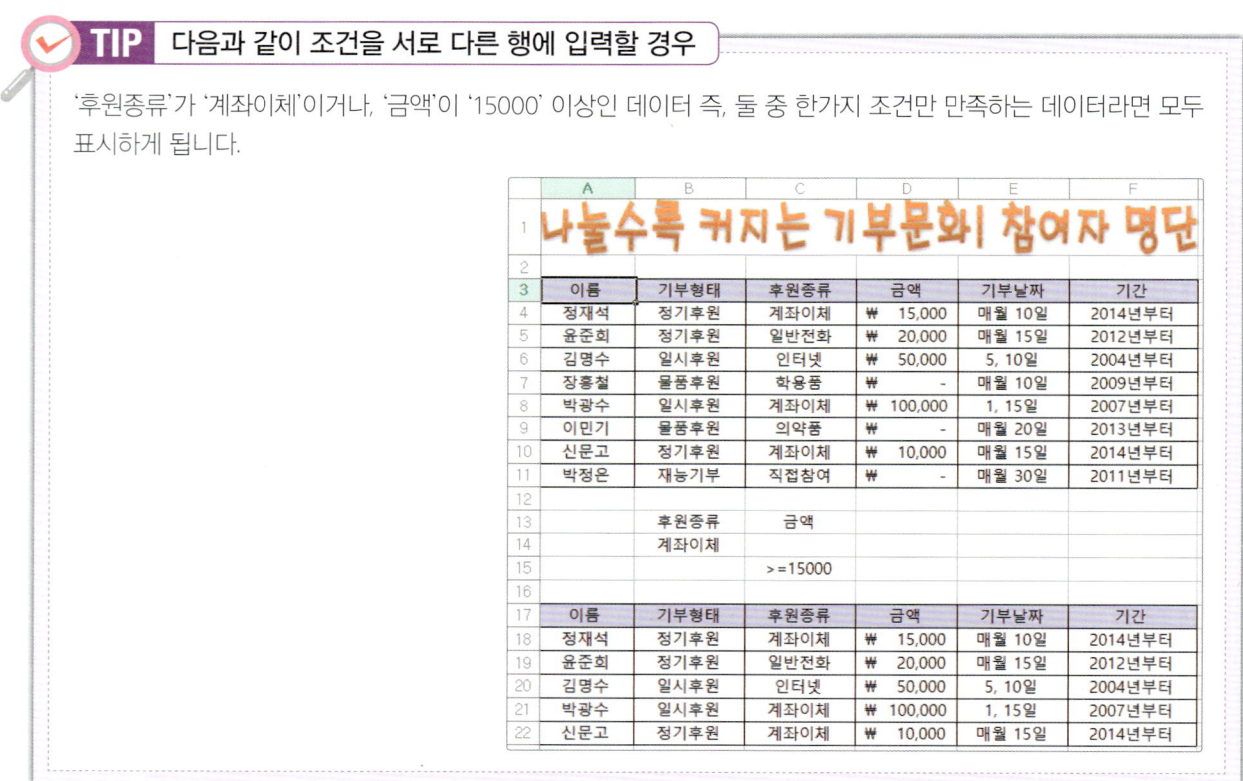

CHAPTER 12 미션 수행하기

미션 01
서식을 지정한 후, '자동 필터'를 이용하여 다음과 같이 표시해 봅니다.

📁 **불러올 파일** : 기부명단.cell   📗 **완성된 파일** : 기부명단(완성).cell

❶ 1행의 높이 : 60
❷ 제목 : 워드숍(채우기 – 강조 2(어두운 계열, 그라데이션), 윤곽 – 강조 2, 그림자), 글자 크기(22), 진하게, 그림과 비슷하게 배치
❸ [A3:F11] 영역 : 가운데 정렬
❹ 채우기 색 지정
  – [A3:F3] 영역 : 채우기(시멘트색 40% 밝게)
  – [A6:F6], [A8:F9], A11:F11] 영역 : 채우기(노랑 80% 밝게)
❺ [D4:D11] 영역 : 회계 표시 형식 지정
❻ 자동 필터 : '기부형태'가 '일시후원'이고, '금액'이 '30000' 이상인 데이터만 검색하여 표시

미션 02
'고급 필터'를 이용하여 다음과 같이 표시해 봅니다.

📁 **불러올 파일** : 핸드폰실적.cell   📗 **완성된 파일** : 핸드폰실적(완성).cell

❶ '고급 필터' 기능을 이용하여 '대리점명'이 '강남점'이거나, '기기명'이 'SM-300'인 데이터만 [A16] 셀에 검색하여 표시 (단, 조건식은 [A12:B14] 영역에 지정)

CHAPTER 13 피벗 테이블을 이용한 인라인 스케이트 대회 기록표 만들기

사용기능 ☑ 피벗 테이블 ☑ 피벗 테이블 수정 ☑ 워드숍 ☑ 시트 탭 이름 변경

완성작품 미리보기

📂 불러올 파일 : 인라인 스케이트 대회 기록표.cell   📑 완성된 파일 : 인라인 스케이트 대회 기록표(완성).cell

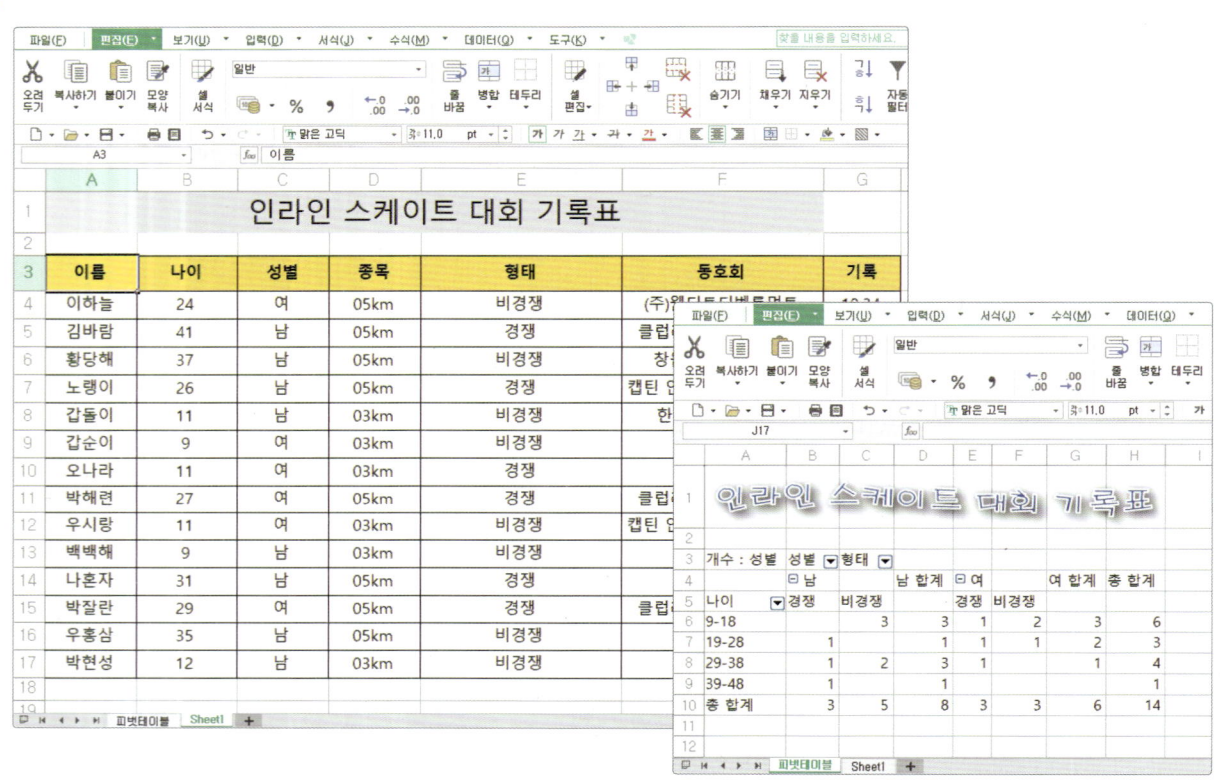

잠깐 영재 퀴즈 코너!

[문제] 왼쪽 숫자에서 화살표 방향으로 진행하여 각 숫자의 규칙을 찾아내어 ☐ 안에 들어갈 숫자를 맞춰보세요.

[정답]

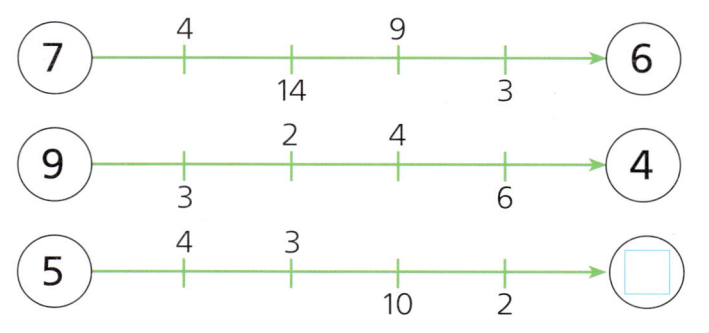

피벗 테이블을 만들어 봅니다.

1. '피벗 테이블'이란 많은 양의 데이터를 손쉽게 요약, 분석하여 표시할 수 있는 대화형 테이블을 말합니다.

2. [A3] 셀을 클릭한 후, [데이터] 탭에서 [피벗 테이블(图)]을 클릭합니다.

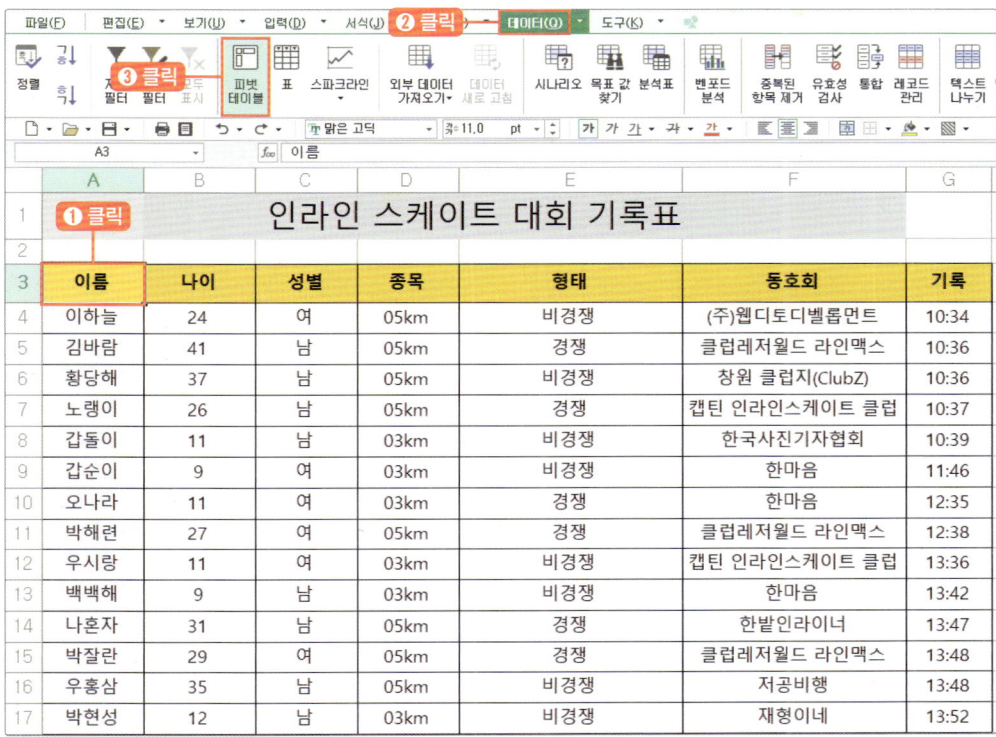

3. [피벗 테이블] 대화상자가 나오면 데이터의 위치 및 범위 선택에서 '범위: Sheet1!$A$3:$G$17'를 확인한 후 <실행> 단추를 클릭합니다.

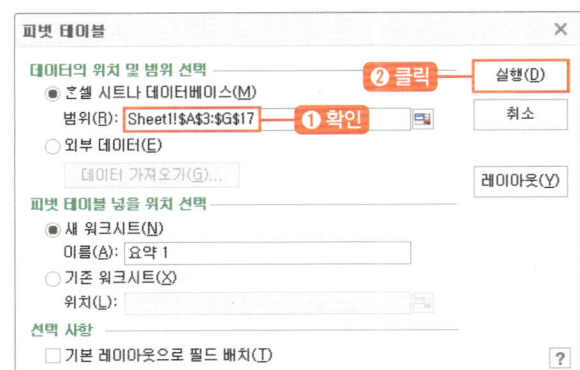

CHAPTER 13_피벗 테이블을 이용한 인라인 스케이트 기록표 만들기

4. 화면 오른쪽의 [피벗 테이블 필드 목록]에서 <보고서에 추가할 필드 선택> 항목 중 '종목' 필드를 '행 영역'으로 드래그합니다.

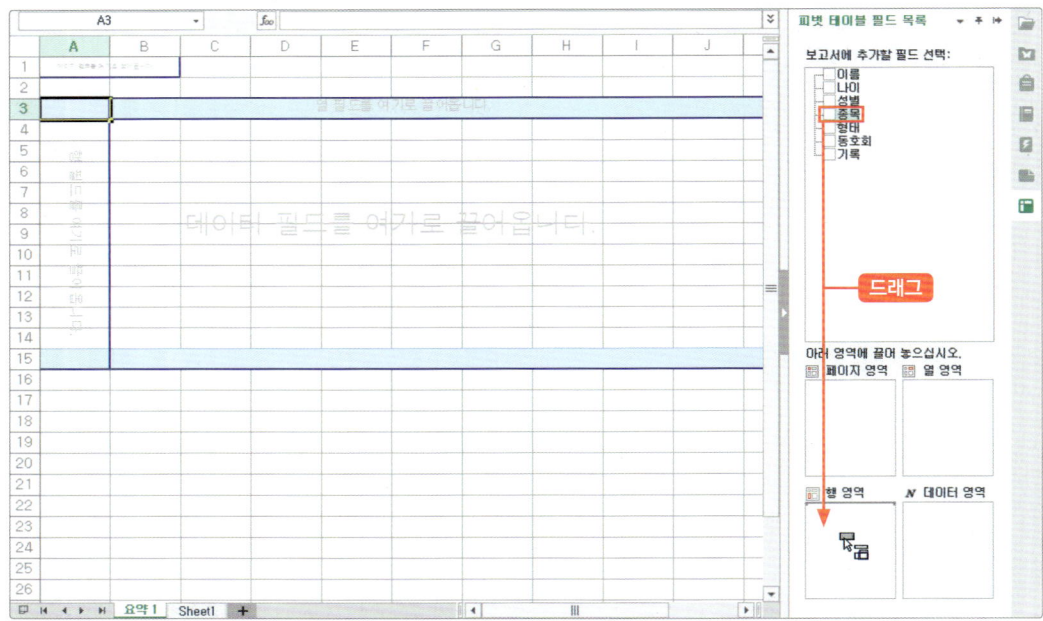

5. 이어서, '성별' 필드를 '열 영역'과 'N 데이터 영역'에 각각 드래그합니다.

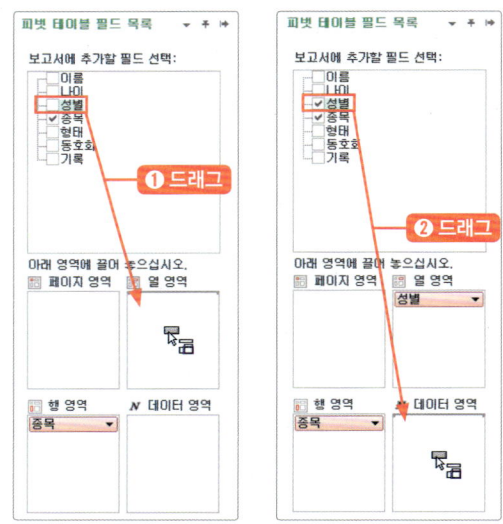

6. 다음과 같이 피벗 테이블이 작성된 것을 확인합니다.

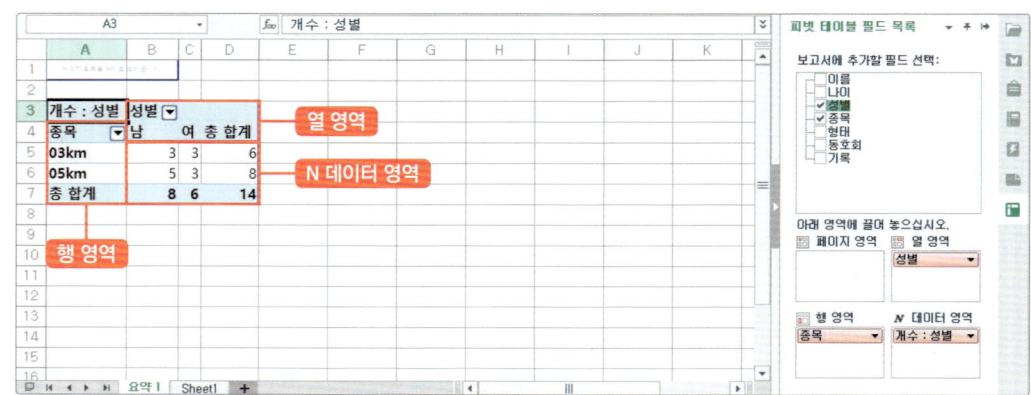

02 피벗 테이블 수정하기

1. '형태' 필드를 '열 영역'으로 추가하여 드래그합니다. 형태별/성별 출전 선수가 몇 명이나 되는지 알 수 있습니다.

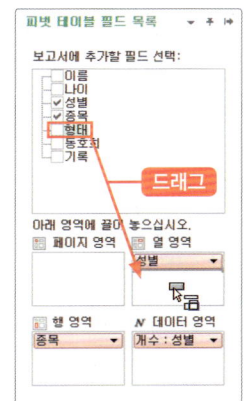
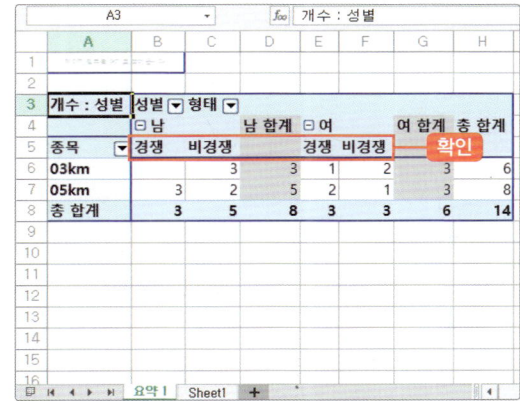

2. '행 영역'의 '종목' 필드를 바깥쪽으로 드래그하여 없애고 '나이' 필드를 '행 영역'으로 드래그합니다.

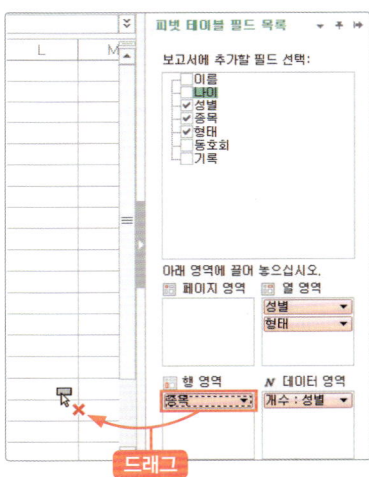
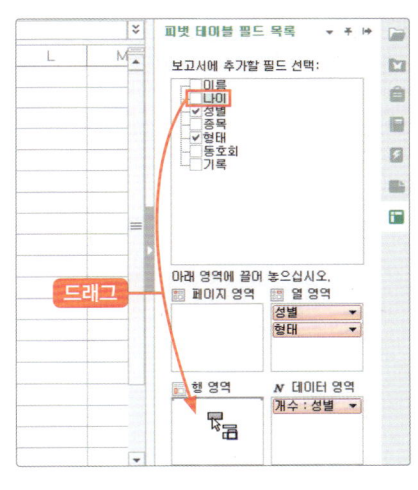

3. '나이' 필드에서 마우스 오른쪽 단추를 누르고 '그룹 묶기'를 선택합니다.

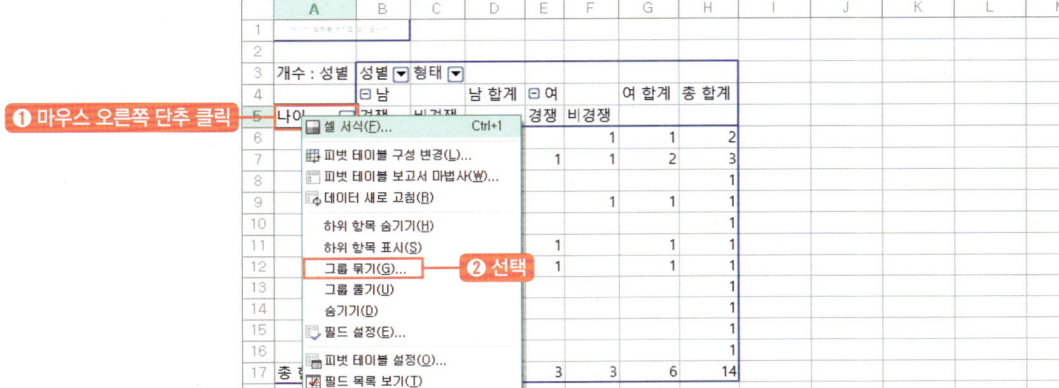

4. [그룹 만들기] 대화상자가 나오면 입력된 값을 확인하고 <확인> 단추를 클릭합니다.

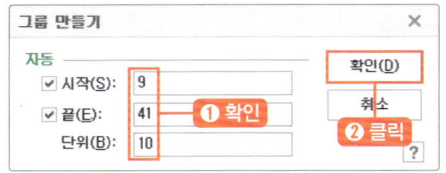

03 제목을 입력하고 시트 탭을 정리해 봅니다.

1. [1] 행 머리글에서 마우스 오른쪽 단추를 눌러 [행 높이 지정]을 클릭한 후, '50'을 입력하고 <설정> 단추를 클릭합니다.

2. [A1] 셀을 클릭한 후, [입력] 탭의 [워드숍()]을 클릭하고 '채우기 – 강조 1(그라데이션), 윤곽 – 밝은 색 1'를 선택합니다.

3. '인라인 스케이트 대회 기록표'를 입력한 후, 테두리 선을 클릭합니다.

4. [서식] 도구상자에서 '글꼴(HY엽서M), 글자 크기(22), 진하게'로 지정한 후, [맞춤] 탭에서 '가운데 정렬(≡)'을 클릭하고 워드숍 조절점을 마우스로 드래그하여 크기를 조절합니다. 이어서, 그림과 같이 위치시켜 줍니다.

5. [워드숍] 탭-[도형 효과]-[그림자]에서 '대각선 오른쪽 아래'를 선택합니다.

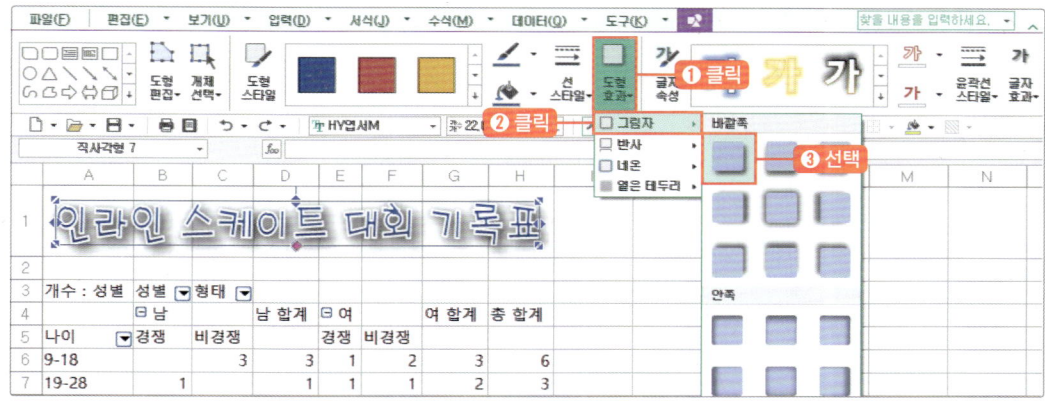

6. 이어서, [글자 효과]-[변환]에서 '물결1'을 선택합니다.

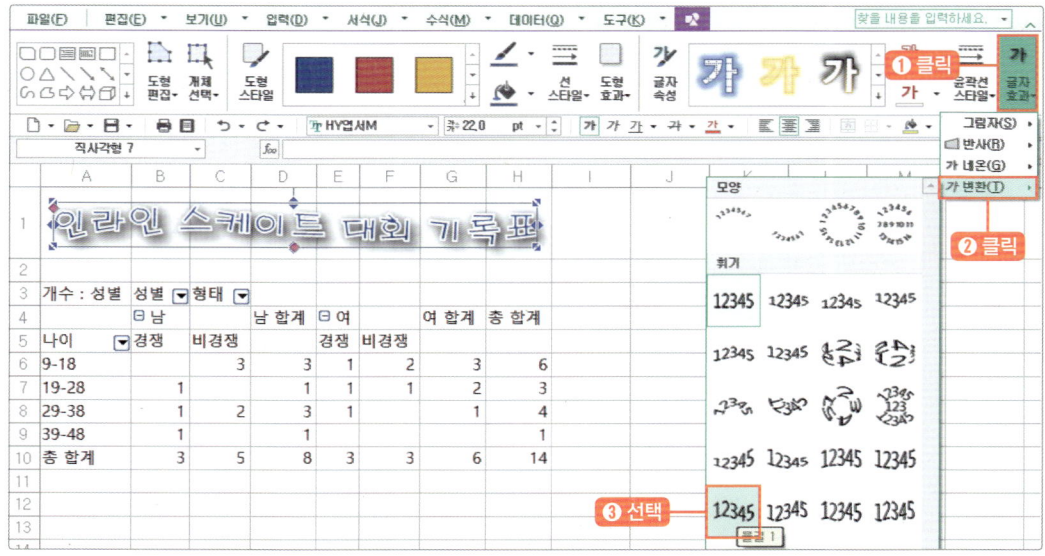

7. 워크시트 하단의 [요약 1] 탭을 더블 클릭합니다. 이어서, [시트 이름 바꾸기] 대화상자가 나오면 시트 이름에 '피벗테이블'을 입력하고 <설정> 단추를 클릭합니다.

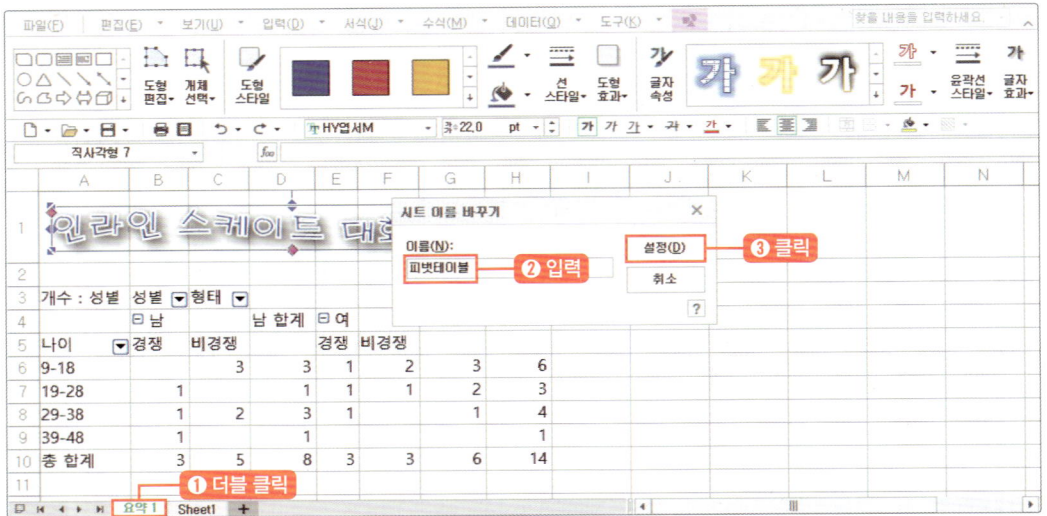

8. 모든 작업이 끝나면 [파일]-[다른 이름으로 저장하기]를 클릭합니다.

9. [다른 이름으로 저장하기] 대화상자가 나오면 본인의 폴더에 '인라인 스케이트 대회 기록표-1'로 저장합니다.

CHAPTER 13 미션 수행하기

미션 01 다음과 같이 피벗 테이블을 작성해 봅니다.

📁 **불러올 파일** : 학원비현황.cell   📗 **완성된 파일** : 학원비현황.cell

❶ '행'=>'학원', '열'=>'학년', 'N 데이터'=>'학원비'의 평균을 계산하고 다음과 같이 사용자 지정 이름을 '학원비 평균'으로 변경하는 피벗 테이블 작성

❷ 피벗 테이블에서 학원비[B5:E8]에 '쉼표 스타일(,)'을 적용하고 모든 데이터는 '가운데' 정렬

❸ [A4] 셀의 '학원'을 '학원명'으로 변경

❹ 빈 셀에는 '*****'이 표시되도록 지정
  – [피벗 테이블]–[피벗 테이블 설정]에서 빈 셀 표시를 '*****'로 지정

❺ [1] 행의 높이 : 50

❻ 제목
  – 워드숍 : '채우기 – 강조 5(밝은 계열, 그라데이션), 윤곽 – 강조 5'
  – [워드숍]–[도형 효과]–[그림자] : '바깥쪽-가운데'
  – [워드숍]–[글자 효과]–[변환] : '팽창'
  – 글자 크기(21), 진하게, 그림과 같이 배치

❼ 시트 이름 변경 : 피벗 테이블

CHAPTER 14 우리집 수입대비 지출현황

사용기능 ✓ 목표 값 찾기 ✓ 시나리오

완성작품 미리보기

📁 불러올 파일 : 수입대비지출.cell   📄 완성된 파일 : 수입대비지출(완성).cell

잠깐 영재 퀴즈 코너!

[문제] 왼쪽 숫자에서 화살표 방향으로 진행하여 도형안의 숫자 규칙을 찾아내어 □ 안에 들어갈 숫자를 맞춰보세요.

[정답]

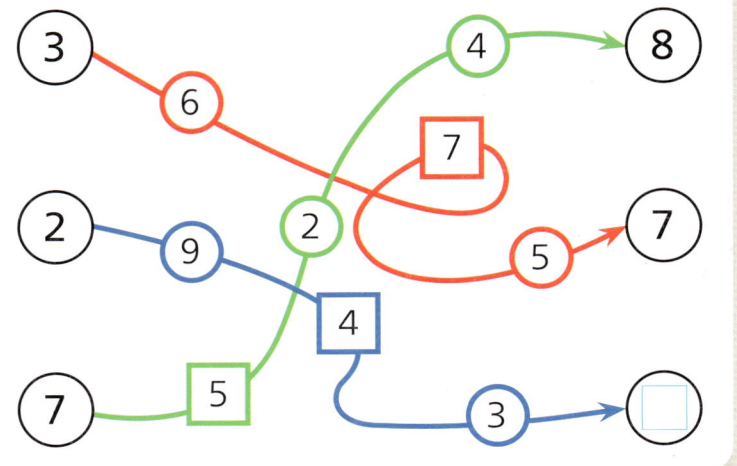

목표 값 찾기를 적용해 봅니다.

1. '목표 값 찾기'란 수식에서 얻으려고 하는 값은 알고 있지만 그 결과 값을 얻기 위해 필요한 입력 값을 모를 때 이용하는 기능을 말합니다.

2. [C14:E14] 영역에 지출금액별 합계를 구하기 위하여 [C14] 셀에 '=SUM(C4:C13)'을 입력한 후, Enter 키를 누릅니다.

3. 이어서, [C14] 셀의 채우기 핸들(＋)을 [E14] 셀까지 드래그하여 이번달 지출금액과 다음달 예상 지출금액의 합계도 계산합니다.

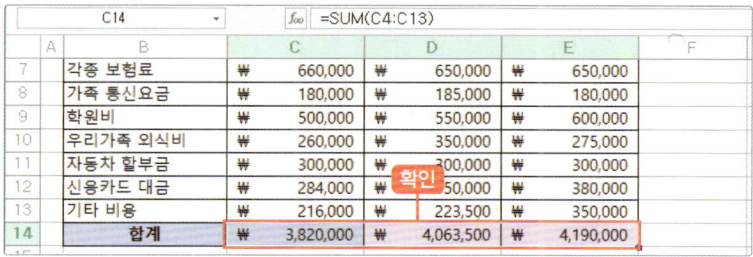

4. 목표 값 찾기를 이용하여 이번달 지출금액의 합계[D14]가 '₩ 4,000,000'이 되도록 하기 위해선 이번달 우리가족 외식비[D10]가 얼마가 되어야 하는지를 계산해 봅니다.

5. [D14] 셀을 클릭한 후, [데이터] 탭에서 [목표 값 찾기(📊)]를 선택합니다.

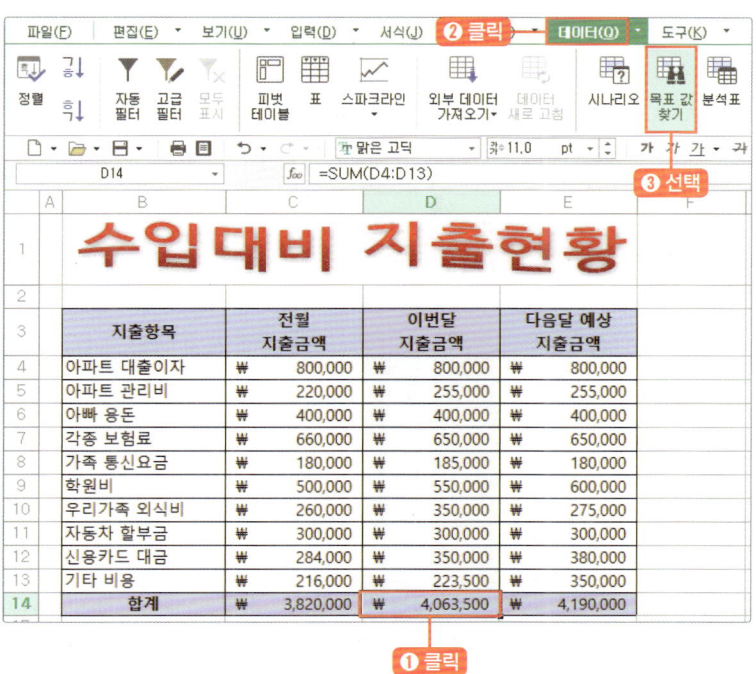

6. [목표 값 찾기] 대화상자가 나오면 다음과 같이 지정 및 입력한 후, <확인> 단추를 클릭합니다.

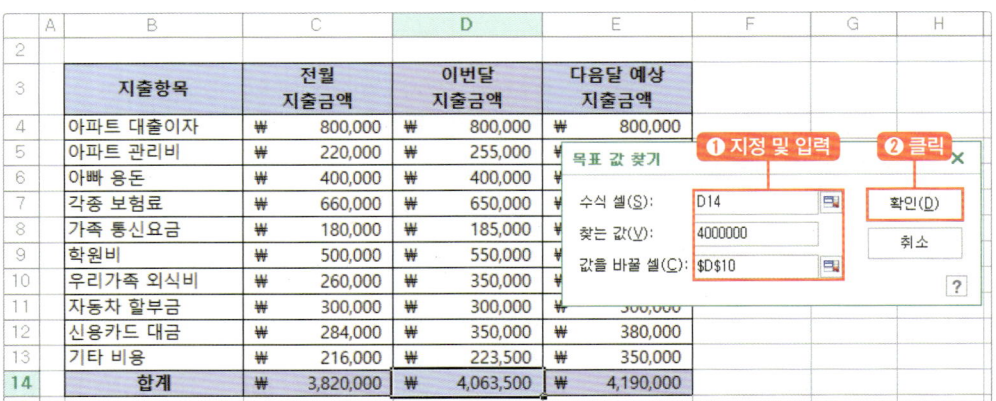

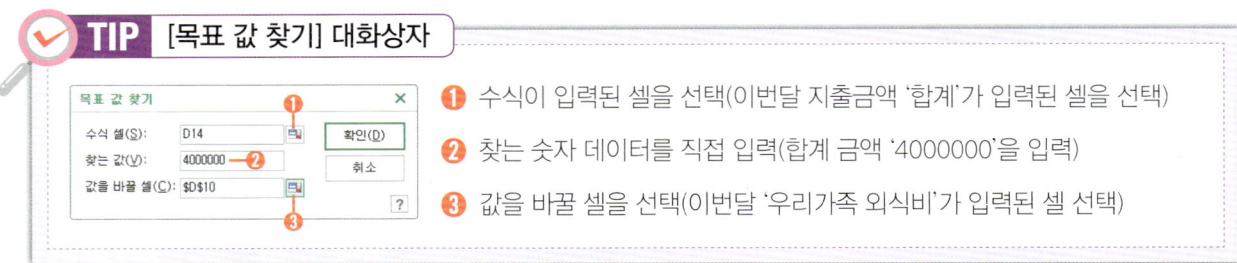

7. [목표 값 찾기 상태] 대화상자가 나오면 변경된 이번달 지출금액 중 '우리가족 외식비[D10]'를 확인하고 <확인> 단추를 클릭합니다.

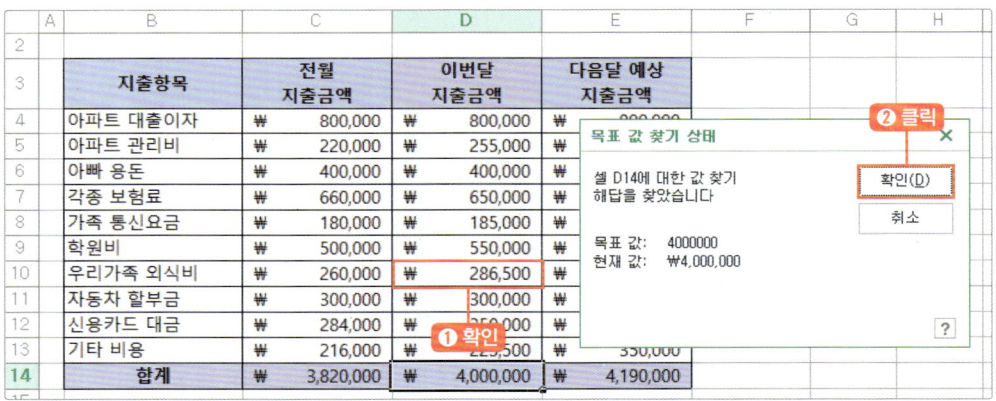

8. 결과에서 보듯이 이번달 지출금액의 합계[D14]가 4,000,000이 되기 위해선 이번달 우리가족 외식비[D10]가 350,000에서 286,500이 되어야 하는 것을 알 수 있습니다.

'기타비용 감소-1' 시나리오를 작성해 봅니다.

1. '시나리오'란 변화 요소가 많아 계산의 결과 값을 예측하기 어려울 때 변화 요소마다 가상값을 지정하여 수식 결과를 비교 분석할 때 사용하는 기능을 말합니다.

2. 다음달 예상 지출금액 중 기타 비용[E13]이 다음과 같이 변경하는 경우 합계[E14]의 변동 시나리오를 작성해 봅니다.

   ▶ 시나리오 이름은 '기타비용 감소1', 기타 비용을 '150000'으로 설정
   ▶ 시나리오 이름은 '기타비용 감소2', 기타 비용을 '160000'으로 설정

3. 제일 먼저 '기타비용 감소1' 시나리오를 작성해 봅니다.

4. [E14] 셀을 클릭한 후, [데이터] 탭에서 [시나리오()]를 선택합니다.

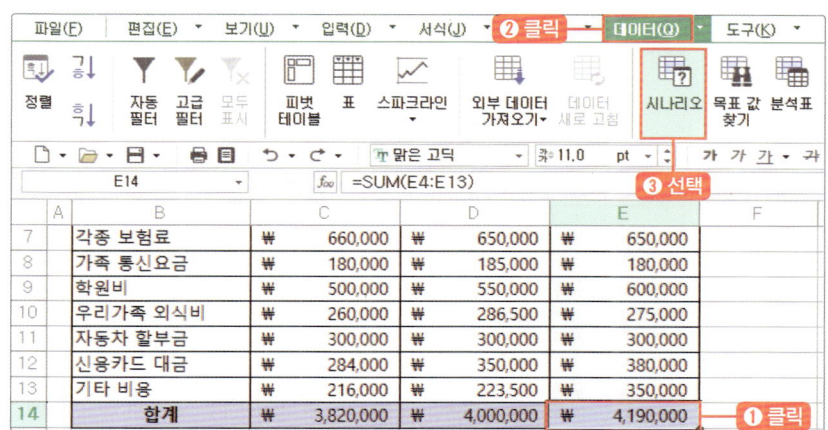

5. [시나리오 관리자] 대화상자에서 <추가> 단추를 클릭합니다.

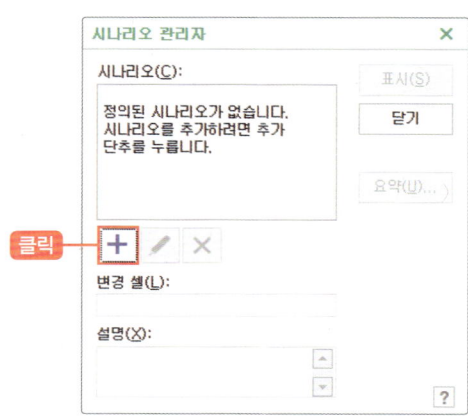

CHAPTER 14_우리집 수입대비 지출현황 **127**

6. [시나리오 추가] 대화상자가 나오면 시나리오 이름에 '기타비용 감소1', 변경 셀에 기타 비용인 '$E$13'(또는, E13) 셀을 지정한 후 <확인> 단추를 클릭합니다.

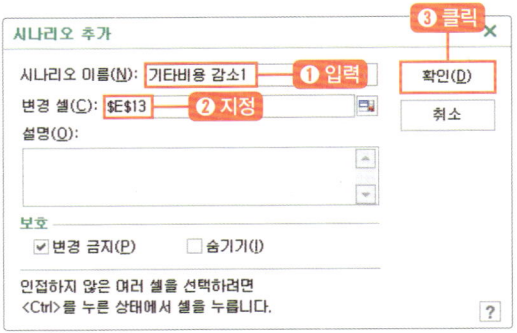

7. 이어서, [시나리오 값] 대화상자가 나오면 변경할 기타 비용 '150000'을 입력한 후, '기타비용 감소2' 시나리오를 작성하기 위해 <추가> 단추를 클릭합니다.

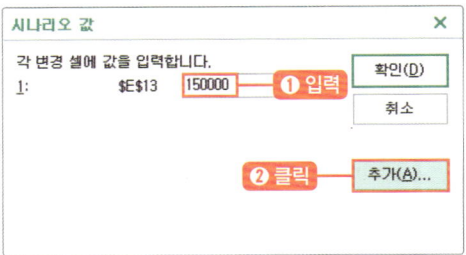

03 '기타비용 감소-2' 시나리오를 작성해 봅니다.

1. [시나리오 추가] 대화상자가 나오면 시나리오 이름에 '기타비용 감소2', 변경 셀에 기타 비용인 '$E$13'(또는, E13) 셀을 지정한 후, <확인> 단추를 클릭합니다.

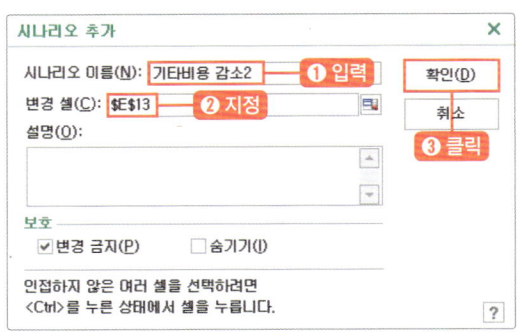

2. 이어서, [시나리오 값] 대화상자가 나오면 변경할 기타 비용 '160000'을 입력한 후, <확인> 단추를 클릭합니다.

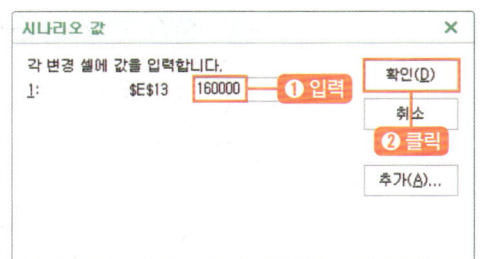

3. [시나리오 관리자] 대화상자가 나오면 <요약> 단추를 클릭합니다.

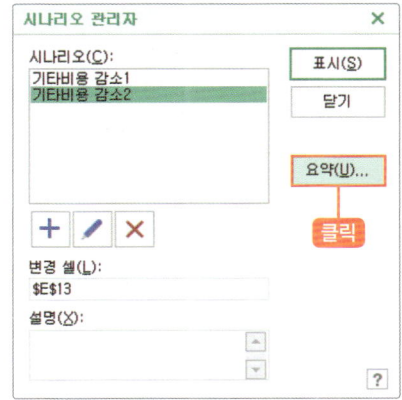

4. [시나리오 요약] 대화상자가 나오면 결과 셀에 '=$E$14' (또는, E14)를 지정한 후, <확인> 단추를 클릭합니다.

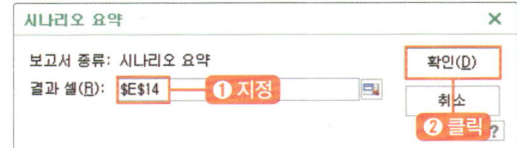

5. 다음과 같이 [시나리오 요약] 시트가 만들어지며 '기타비용 감소1'과 '기타비용 감소2'에 따른 합계 금액의 변동을 표시하는 시나리오가 작성된 것을 확인한후, '회계 표시 형식'을 이용하여 완성합니다.

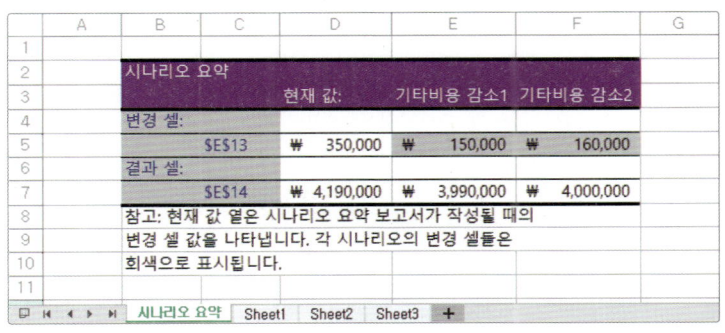

6. 모든 작업이 끝나면 [파일]-[다른 이름으로 저장하기]를 클릭합니다.

7. [다른 이름으로 저장하기] 대화상자가 나오면 본인의 폴더에 '수입대비지출-1'로 저장합니다.

CHAPTER 14 미션 수행하기

미션 01 다음과 같이 목표 값 찾기와 시나리오를 작성해 봅니다.

📁 **불러올 파일** : 아르바이트.cell 📄 **완성된 파일** : 아르바이트(완성).cell

❶ '이슬이의 아르바이트 비용 계산' 표에서 합계 금액[D13]이 60,000이 되려면 청소하기 횟수[C7]가 얼마가 되어야 하는지 목표 값 찾기 기능을 이용하여 계산

❷ 이슬이의 안마하기 횟수[C5]가 다음과 같이 변경되는 경우 합계 금액[D13]의 변동 시나리오를 작성
  - 시나리오 이름은 '안마하기 횟수 증가1', 안마하기 횟수를 '10'으로 설정
  - 시나리오 이름은 '안마하기 횟수 증가2', 안마하기 횟수를 '15'로 설정

MEMO

CHAPTER 15 · 4남매 월별 저축액 차트 만들기

★ 사용기능 ★ ✓ 차트 작성   ✓ 차트 디자인   ✓ 차트 서식

완성작품 미리보기

📁 불러올 파일 : 저축차트.cell   💾 완성된 파일 : 저축차트(완성).cell

잠깐 영재 퀴즈 코너!

[문제] 다음 숫자가 들어간 표에서 주소의 범위를 확인하고 숫자의 규칙을 찾아서 계산한 값을 □안에 입력하였습니다. ☆에 들어갈 숫자를 맞춰보세요.

[정답]

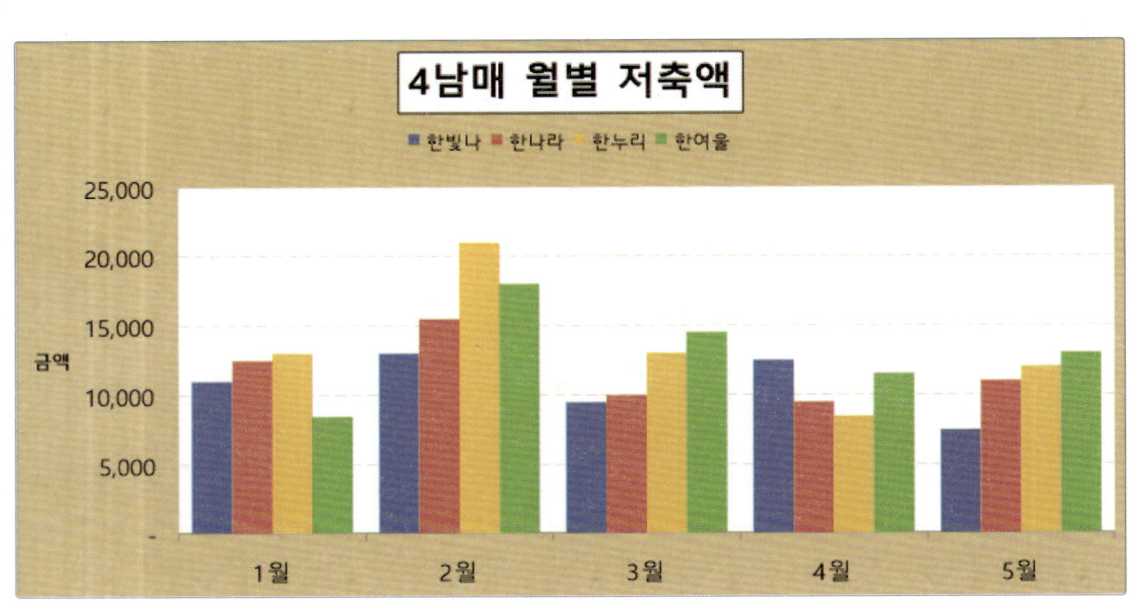

	A	B	C	D	E		
1	1	2	3	4	5	A1 B3, B2 E3	3
2	4	2	6	9	3		
3	2	1	2	2	5	A4 C5, C1 D5	2
4	3	3	1	1	2		
5	4	1	1	2	5	A3 D4, C2 E3	☆

01 범위를 지정한 후 차트를 만들어 봅니다.

1. 차트를 작성할 범위로 [A3:F7] 영역을 드래그합니다.

2. [입력] 탭에서 [세로 막대형]-[묶은 세로 막대형]을 선택합니다.

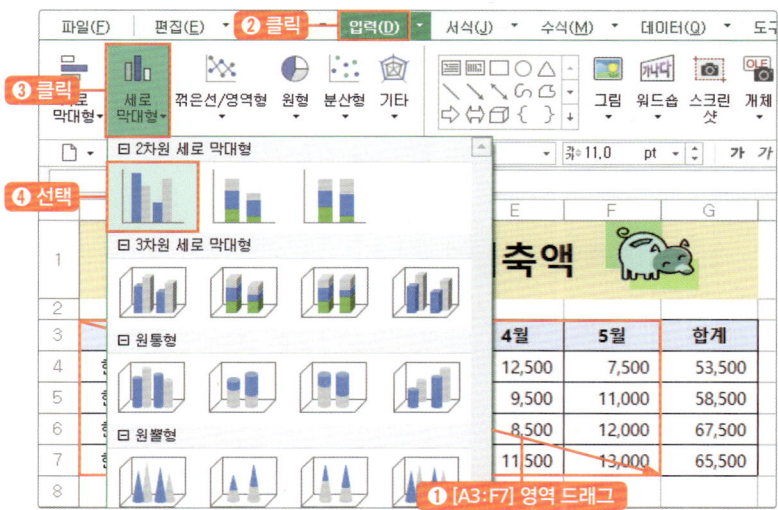

3. 워크시트에 <묶은 세로 막대형> 차트가 삽입되었으면 [차트 디자인] 탭에서 [차트 이동(🔲)]을 클릭합니다.

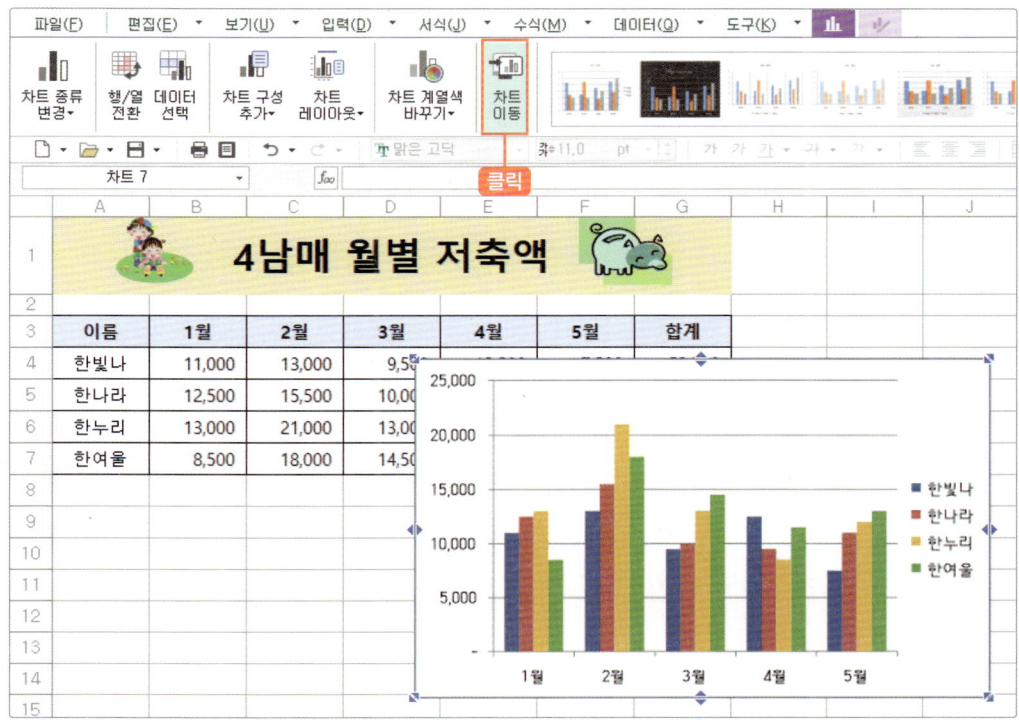

CHAPTER 15_4남매 월별 저축액 차트 만들기 **133**

4. [차트 이동] 대화상자가 나오면 'Sheet2'를 선택하고 <확인> 단추를 클릭합니다.

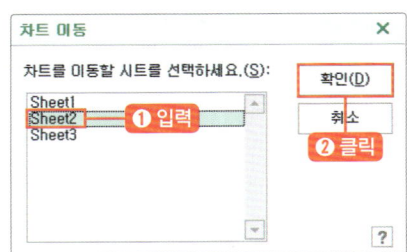

02 차트 레이아웃 및 스타일을 지정해 봅니다.

1. 차트를 클릭합니다. 이어서, '조절점()'을 드래그하여 차트 크기를 키웁니다.

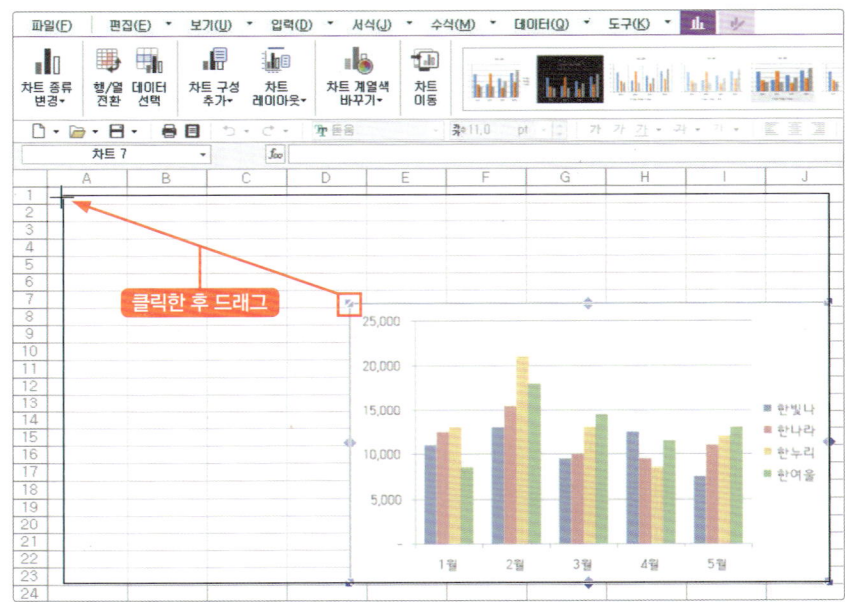

2. [차트 디자인] 탭에서 '차트 레이아웃( )'을 클릭한 후, '레이아웃 9'를 클릭합니다.

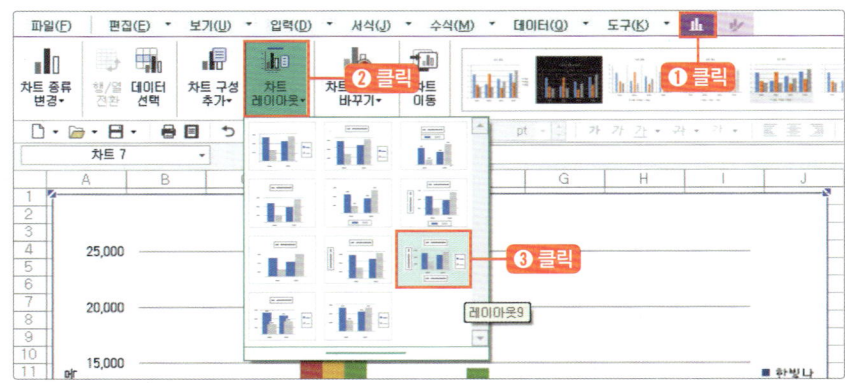

134 작품 만들기_한셀 NEO

3. 이어서, [차트 디자인] 탭에서 '스타일 5'를 클릭합니다.

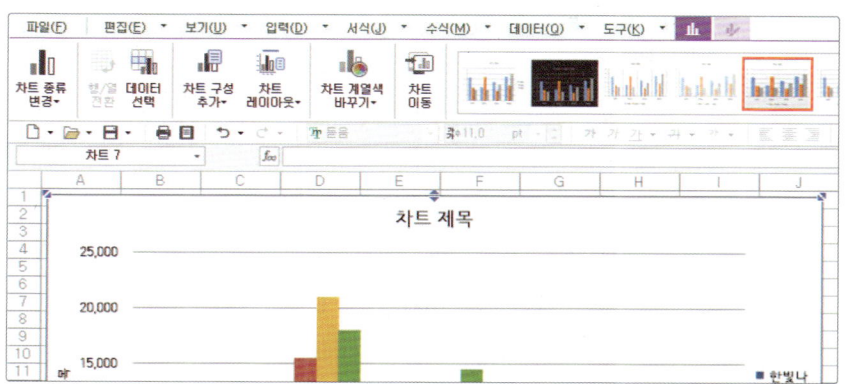

4. 차트에 '레이아웃 9'와 '스타일 5'가 적용되어 표시된 것을 확인합니다.

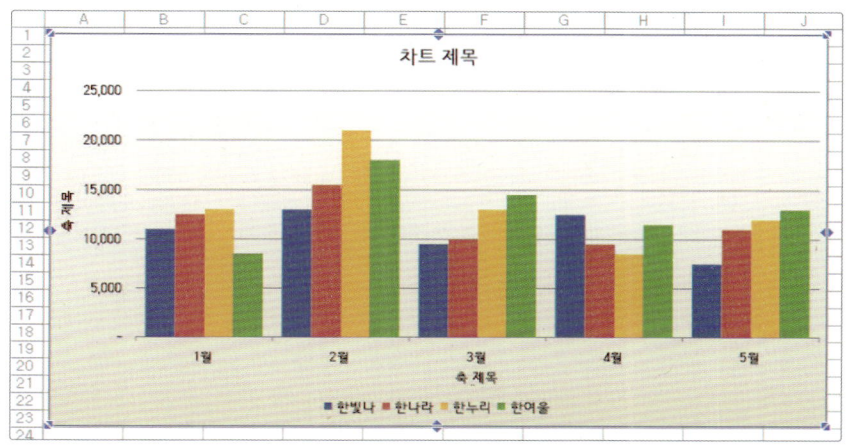

 **03** 차트 영역을 수정해 봅니다.

1. 차트의 '주 세로 축'을 선택한 후 마우스 오른쪽 단추를 눌러 [글자 모양 편집]을 클릭합니다.

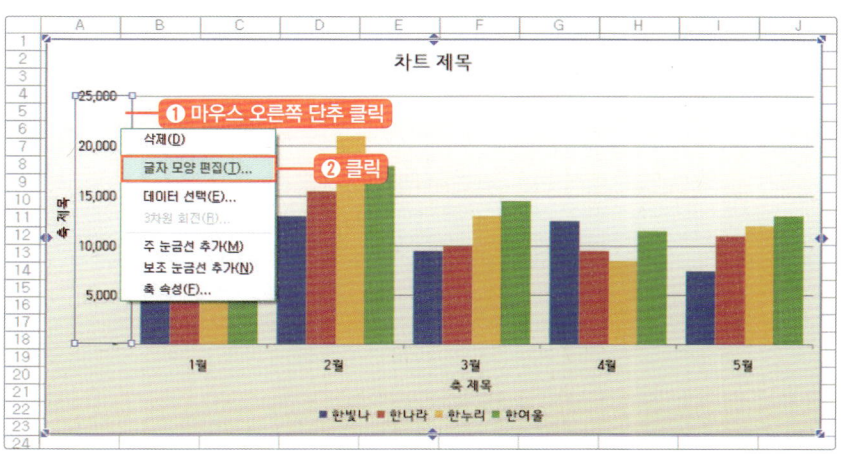

CHAPTER 15_4남매 월별 저축액 차트 만들기 **135**

2. [글자 모양 편집] 대화상자가 나오면 '글꼴(맑은 고딕)', '크기(13)'을 지정한 후, <설정> 단추를 클릭합니다.

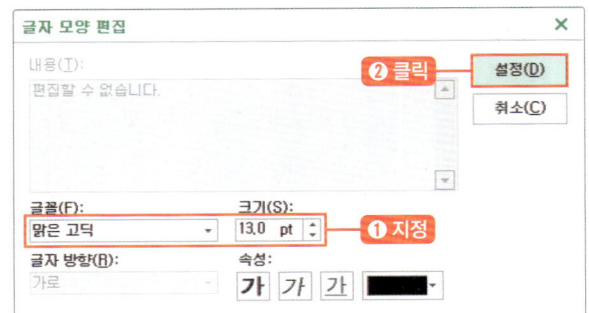

3. 차트의 '주 가로 축'을 선택한 후 위와 같은 방법으로 글자 모양을 편집합니다.

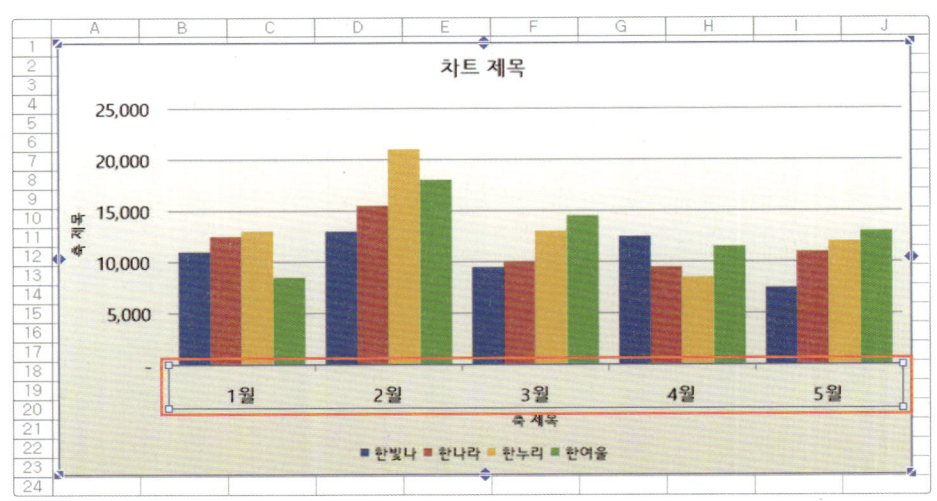

4. 이어서, [차트 영역]에서 마우스 오른쪽 단추를 눌러 [개체 속성]을 클릭합니다.

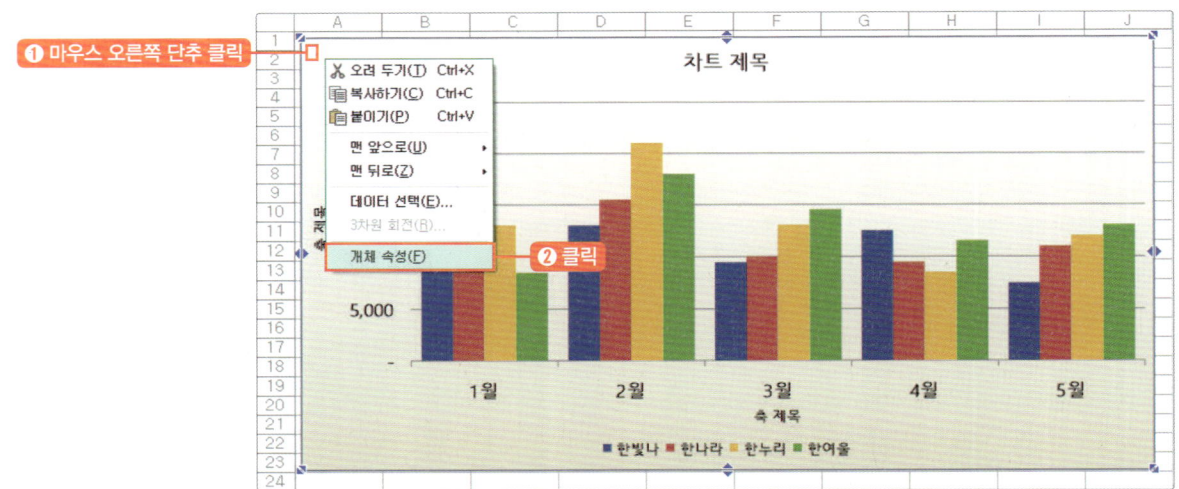

5. [개체 속성] 대화상자가 나오면 [채우기] 탭의 종류에서 '질감/그림( )'을 선택합니다. 이어서, [질감/그림] 종류에서 질감을 클릭한 후, '종이'를 선택하고 <설정> 단추를 클릭합니다.

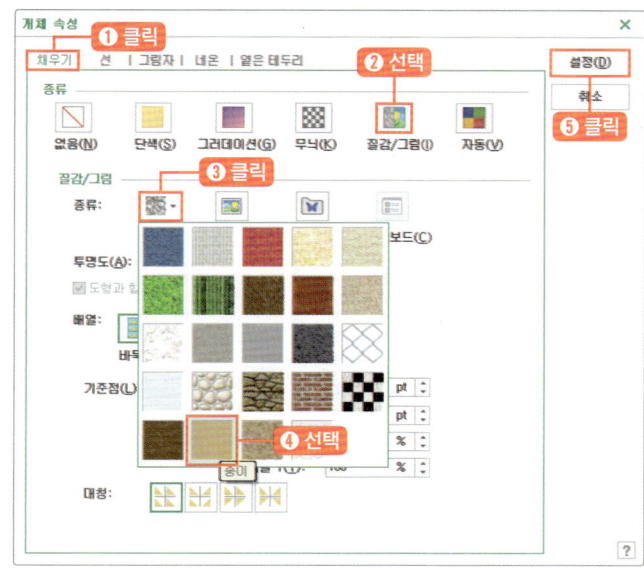

6. 마우스 포인터를 [그림 영역]에 위치시킨 후, 마우스 오른쪽 단추를 눌러 [그림 영역 속성]을 클릭합니다.

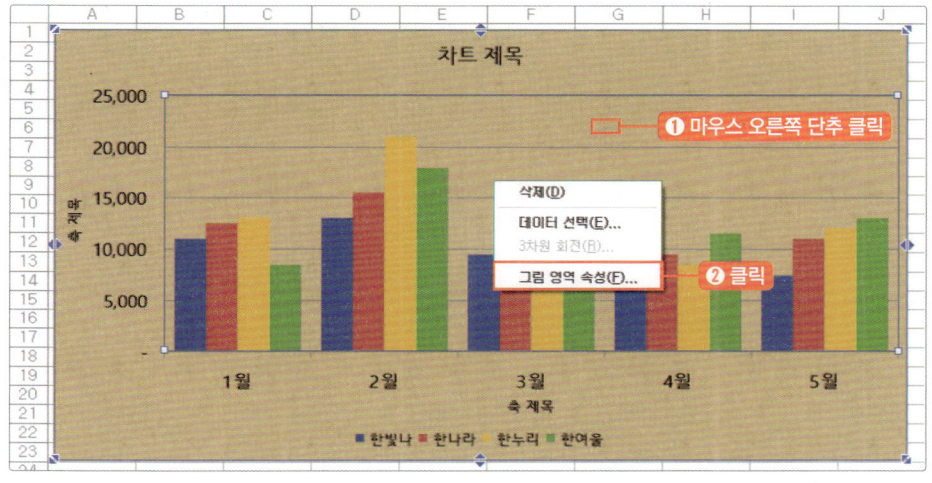

7. [개체 속성] 대화상자가 나오면 [채우기] 탭의 종류에서 '단색( )'을 선택한 후, '색(하양)'을 선택하고 <설정> 단추를 클릭합니다.

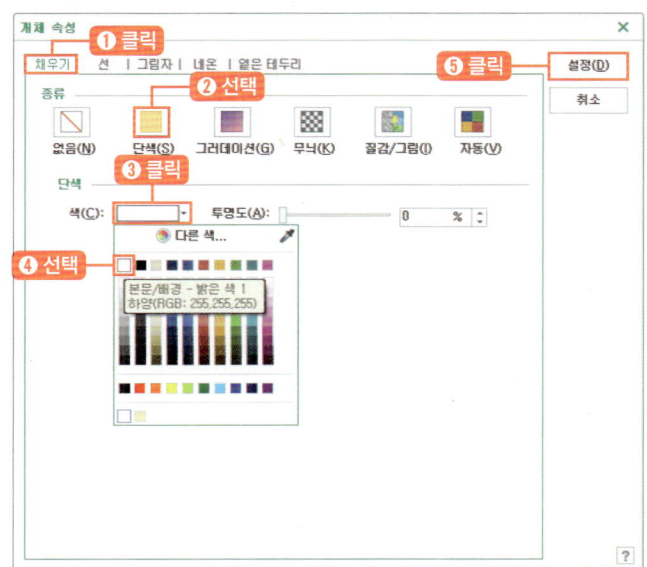

CHAPTER 15_4남매 월별 저축액 차트 만들기 **137**

04 차트 제목 입력 및 서식을 지정해 봅니다.

1. '차트 제목'을 마우스 오른쪽 단추를 눌러 [제목 편집]을 클릭합니다.

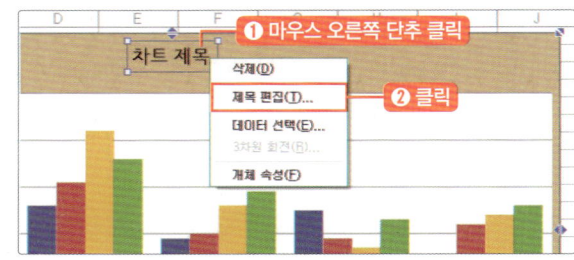

2. [제목 편집] 대화상자가 나오면 '내용(4남매 월별 저축액)', '글꼴(맑은 고딕)', '글자 크기(20)', '진하게'를 지정한 후, <설정> 단추를 클릭합니다.

3. 차트 제목 '4남매 월별 저축액'을 마우스 오른쪽 단추를 눌러 [개체 속성]을 클릭합니다.

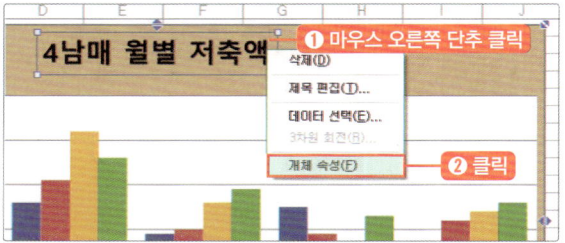

4. [개체 속성] 대화상자가 나오면 [채우기] 탭의 종류에서 '단색( )'을 선택한 후, '색(하양)'을 선택합니다. 이어서, [선] 탭의 선 색에서 '단색( )'을 선택한 후, '색(검정)'을 선택하고 <설정> 단추를 클릭합니다.

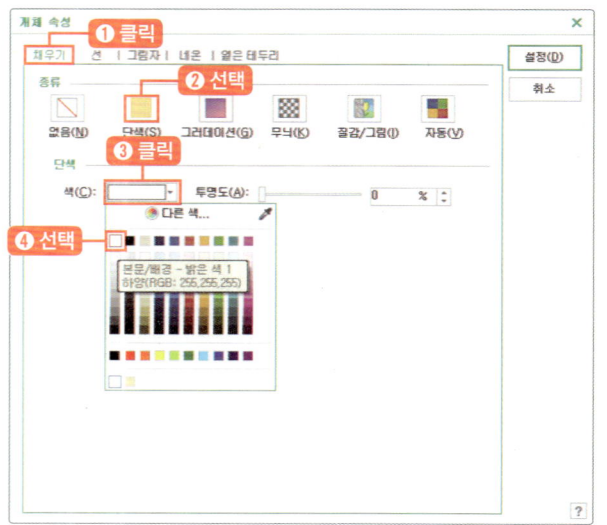
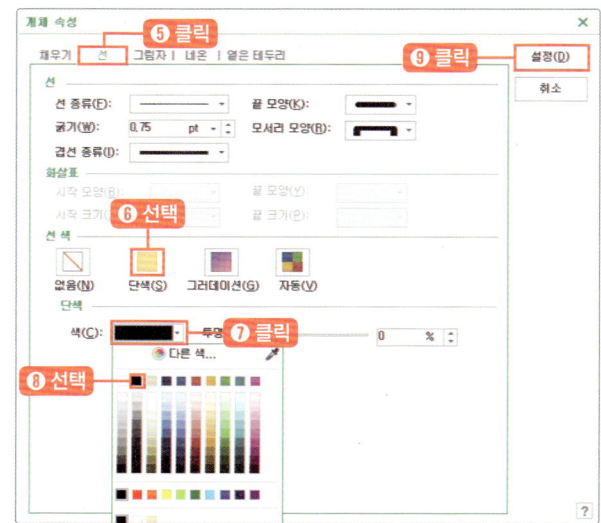

05 차트 서식을 지정해 봅니다.

1. 차트에서 가로 주 눈금선의 선 스타일을 변경하기 위해 '세로 (값) 축 주 눈금선'에서 마우스 오른쪽 단추를 눌러 [눈금선 속성]을 클릭합니다.

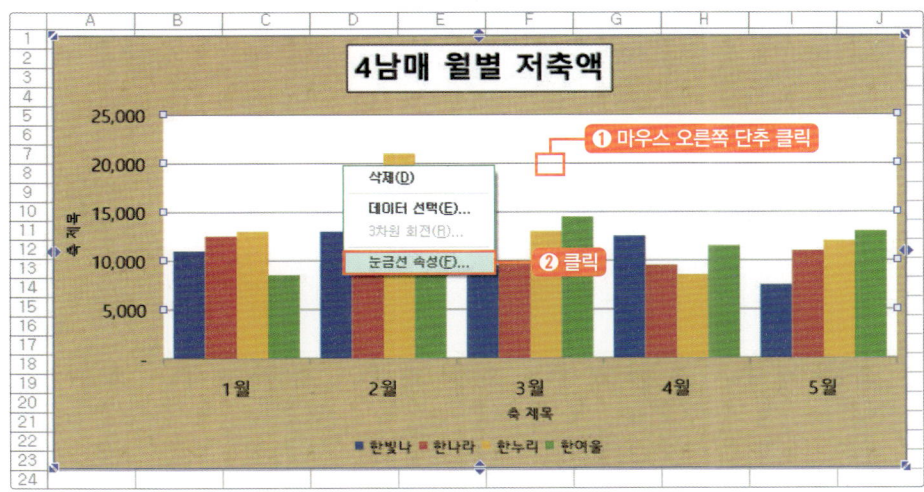

2. [개체 속성] 대화상자가 나오면 [선] 탭의 선에서 '긴 파선(-------)'을 선택한 후, 선 색에서 '색 (연한 올리브색)'을 선택하고 <설정> 단추를 클릭합니다.

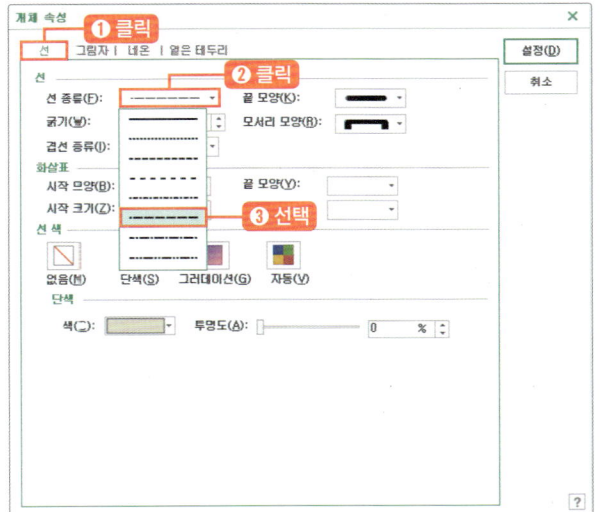 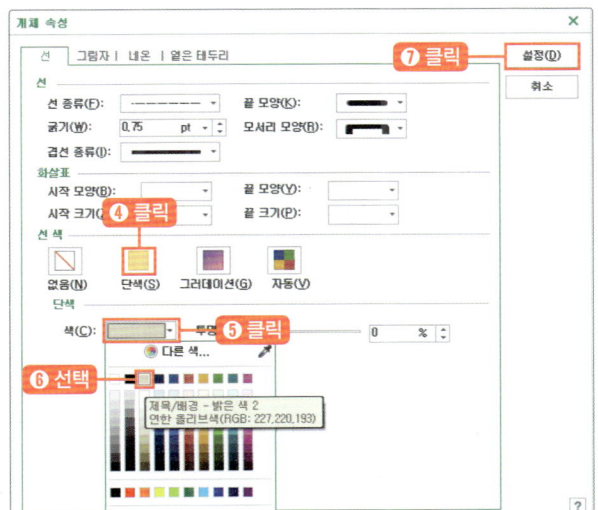

CHAPTER 15_4남매 월별 저축액 차트 만들기 **139**

3. 세로 축 제목을 '금액'으로 변경하기 위해서 '세로 (값) 축 제목'에서 마우스 오른쪽 단추를 눌러 [제목 편집]을 클릭합니다.

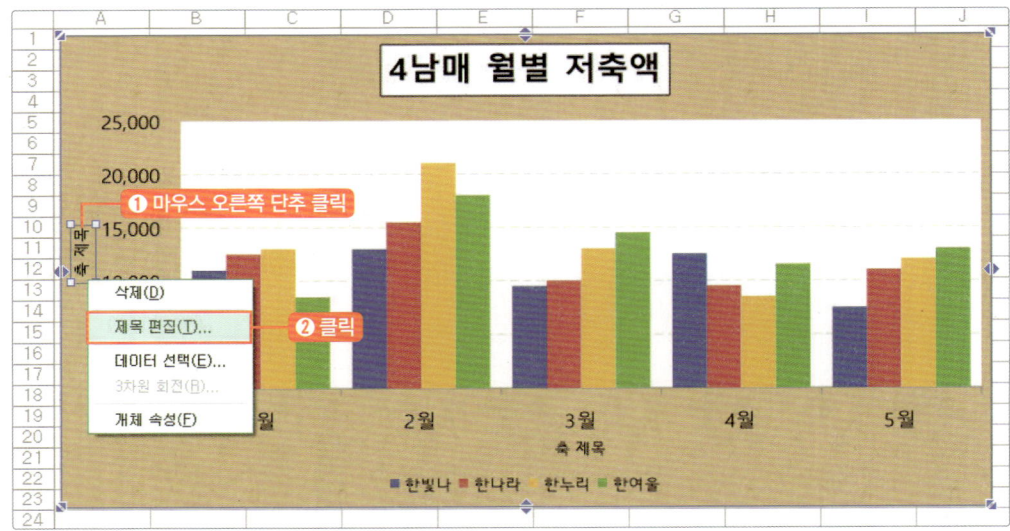

4. [제목 편집] 대화상자가 나오면 '내용(금액)', '글꼴(맑은 고딕)', '글자 방향(가로)', '진하게'를 지정한 후, <설정> 단추를 클릭합니다.

5. 가로 축 제목을 삭제하기 위해서 ' 가로 (항목) 축 제목'을 클릭한 후, Delete 키를 눌러 삭제합니다.

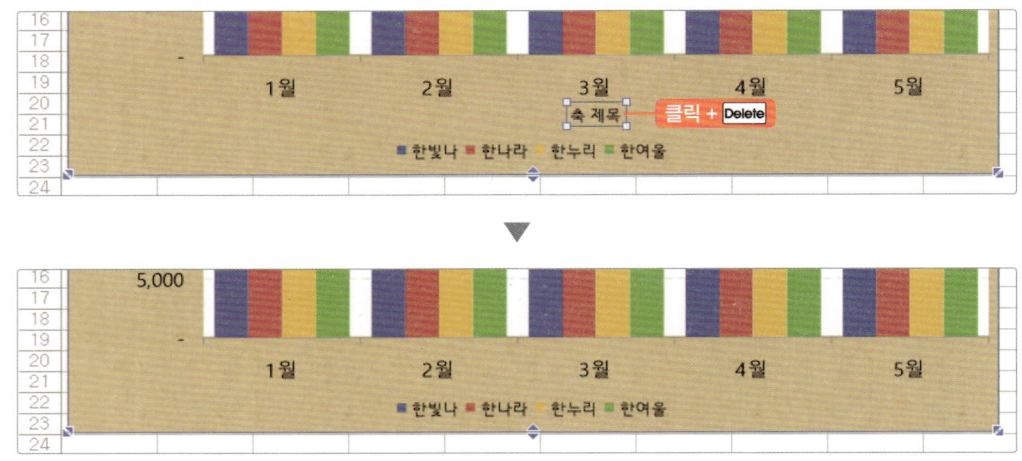

06 범례 위치를 이동해 봅니다.

1. 범례 위치를 변경하기 위해서 '범례'에서 마우스 오른쪽 단추를 눌러 [범례 속성]을 클릭합니다.

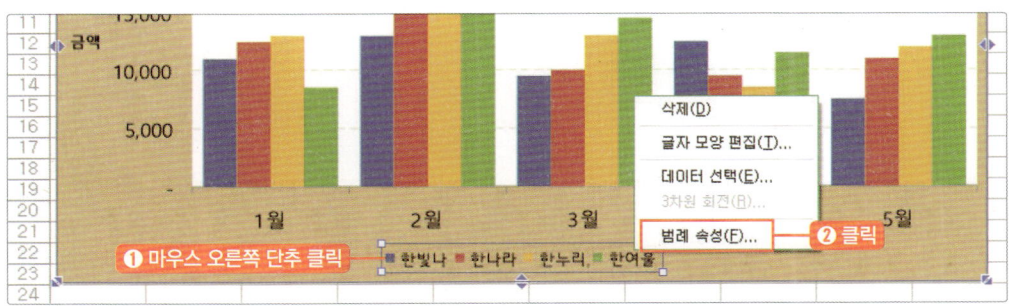

2. [개체 속성] 대화상자가 나오면 [범례] 탭의 범례 위치에서 '위쪽'을 선택한 후, <설정> 단추를 클릭 합니다.

3. 다음과 같이 범례가 차트 위쪽으로 이동된 것을 확인합니다.

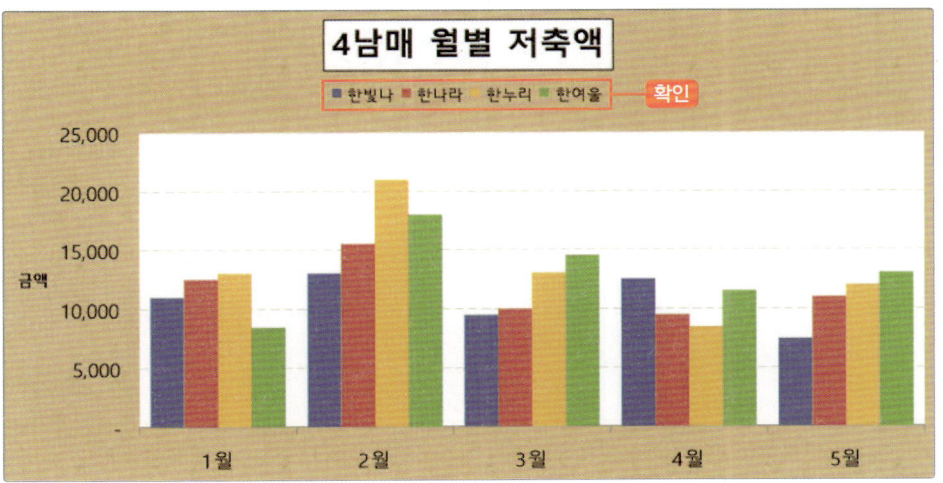

4. 모든 작업이 끝나면 [파일]-[다른 이름으로 저장하기]-[찾아보기]를 클릭합니다.

5. [다른 이름으로 저장하기] 대화상자가 나오면 본인의 폴더에 '저축차트-1'로 저장합니다.

TIP 차트의 구성 요소

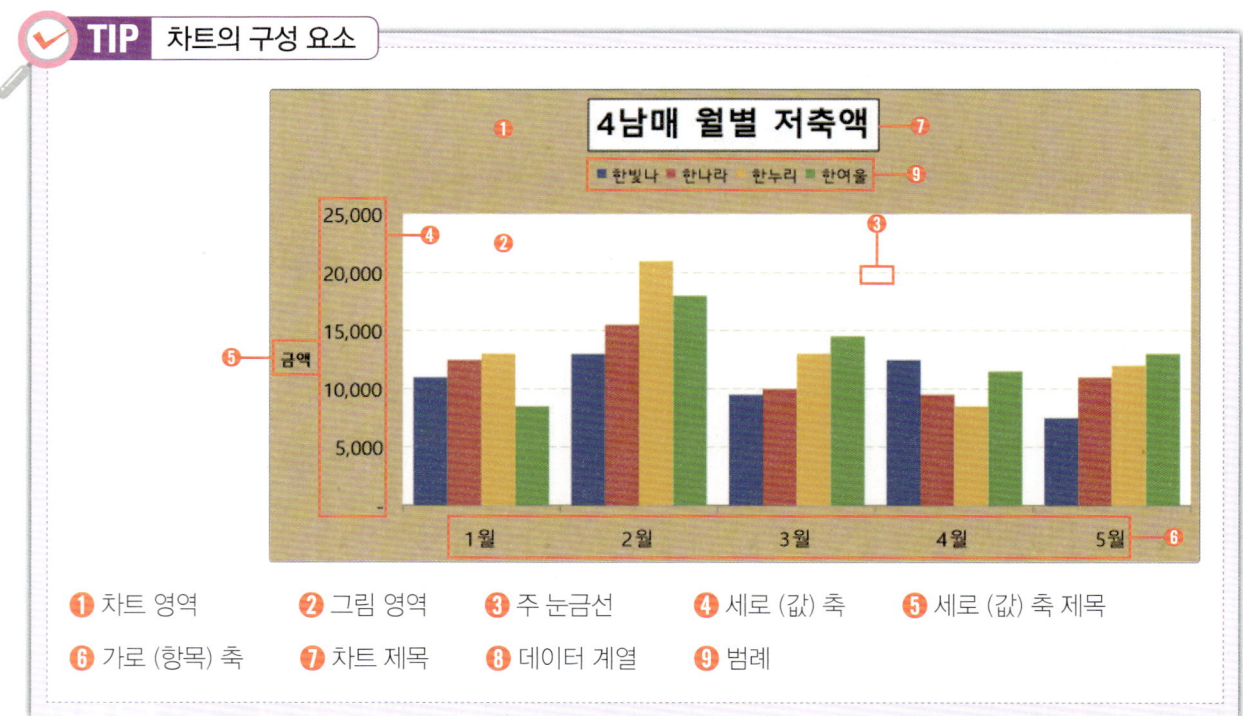

❶ 차트 영역   ❷ 그림 영역   ❸ 주 눈금선   ❹ 세로 (값) 축   ❺ 세로 (값) 축 제목
❻ 가로 (항목) 축   ❼ 차트 제목   ❽ 데이터 계열   ❾ 범례

CHAPTER 15 미션 수행하기

미션 01 다음과 같이 차트를 작성해 봅니다.

📁 불러올 파일 : 성적현황.cell 📄 완성된 파일 : 성적현황(완성).cell

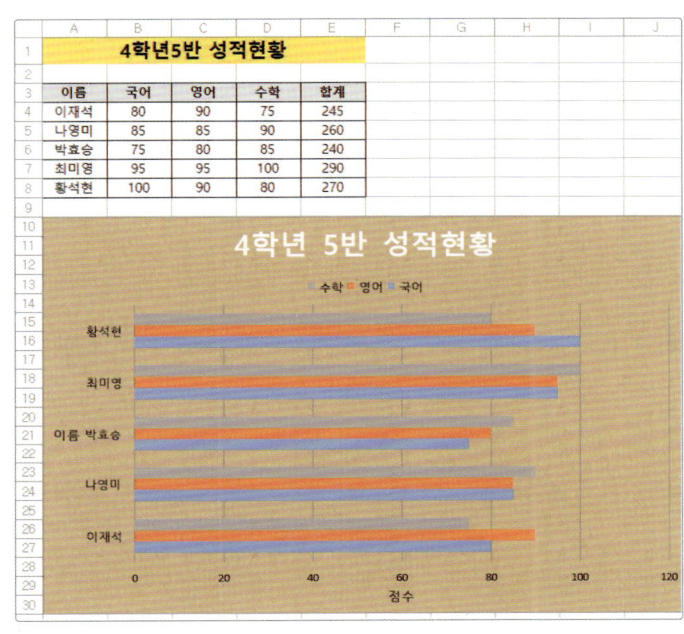

1. 데이터 범위 : [A3:D8] 영역
2. 차트 종류 : 묶은 가로 막대형
3. 차트 레이아웃 : 레이아웃 9
4. 차트 위치 : 현재 워크시트의 [A10:J30] 영역에 위치
   (Alt 키를 누른 상태에서 차트 영역을 드래그)
5. 차트 영역 서식 : [채우기]-[질감/그림]에서 '질감(종이)'
6. 차트 제목 서식
   - 내용 입력
   - 글꼴(맑은 고딕), 글자 크기(24)
   - 속성(진하게), (하양)
7. 세로 (항목) 축 제목(이름), 가로 (값) 축 제목(점수), 글꼴 크기(11)
8. 범례 위치 : 위쪽

CHAPTER 16

PROJECT 02 나만의 스타일

★사용기능 ✅ 열 너비   ✅ 행 높이   ✅ 워드숍   ✅ 차트 작성

완성작품 미리보기

📁 불러올 파일 : 없음   💾 완성된 파일 : 나만의스타일(완성).cell

잠깐 영재 퀴즈 코너!

[문제] 다음 시작점 ⓐ, ⓑ, ⓒ에서 아래 표에서 움직이는 방향을 보고 마지막 지점의 숫자를 입력하였습니다. ☆에 들어갈 숫자를 맞춰보세요.   L : 왼쪽, R : 오른쪽, U : 위쪽, D : 아래쪽

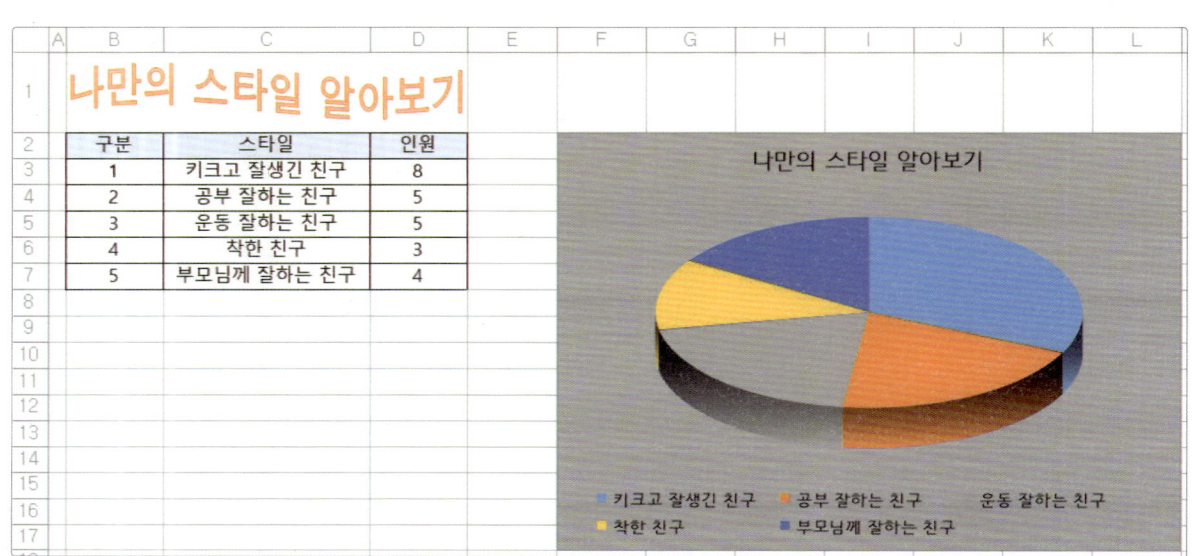

[정답]

144 작품 만들기_한셀 NEO

❶ 열의 너비와 행의 높이 : A열(1), B열/D열(9), C열(20), 1행(50)

❷ 데이터 입력 및 서식
- 가운데 정렬 및 테두리선 지정
- [B2:D2] 영역 : 채우기(하늘색 80% 밝게)
- [B1:D1] 영역 : '병합하고 가운데 맞춤'

❸ 제목
- 워드숍 : 채우기 – 강조 2(밝은계열, 그라데이션), 윤곽 – 강조2
- [글자 효과]–[변환] : 물결 1

❹ 차트 작성
- 데이터 범위 : [C2:D7] 영역
- 차트 종류 : 3차원 원형
- 차트 레이아웃 : 레이아웃 4
- 차트 위치 : 현재 워크시트의 [F2:L17] 영역에 위치(Alt 키를 누른 상태에서 차트 영역을 드래그)
- 차트 영역 서식 : [개체 속성]–[채우기]–[질감/그림]에서 [질감(금속)]
- 차트 제목 추가 : [차트 구성 추가]–[차트 제목]–[위쪽]

PROJECT 03 우리 초등학교 약도 그리기

사용기능 ☑ 행 높이 ☑ 열 너비 ☑ 채우기 ☑ 그림 삽입
☑ 글상자 입력

📁 불러올 파일 : 없음   💾 완성된 파일 : 약도그리기(완성).cell

완성작품 미리보기

잠깐 영재 퀴즈 코너!

[문제] 다음 숫자가 들어간 표에서 행과 열의 위치를 확인하고 행과 열의 규칙을 찾은 숫자를 □안에 입력 하였습니다. ☆에 들어갈 숫자를 맞춰보세요.

	A	B	C	D	E
F	5	2	1	4	5
G	4	2	6	9	3
H	2	1	5	4	7
I	7	3	7	1	2
J	4	8	1	2	5

C * H 5
B * J 8
E * H ☆

[정답]

❶ 열 너비 조절 : A~Y열의 너비(4) 조절 후 C, I, Q, X열의 너비(1)

❷ 행 높이 조절 : 1~2행(35), 3~24행(25)

❸ 제목
: '우리 초등학교 약도 그리기', 글꼴(맑은 고딕), 글자 크기(20), 진하게, 채우기(주황 60% 밝게)
'☆ 우리 초등학교 5학년 3반 한이슬 ☆', 글꼴(맑은 고딕), 글자 크기(12), 진하게

❹ 도로 및 길 색
: 채우기(시멘트색 60% 밝게), 채우기(주황), 채우기(노랑)

❺ 그림
: 아파트, 우리집, 공원, 주유소, 우리학교, 병원, 피자가게, 마트, 세탁소, 철물점, 주민센터, 옷가게, 생선가게, 경찰서, 은행

❻ 건물 경칭(아파트 단지, 공원 등)
: [입력] 탭-[가로 글상자] 이용, 글꼴(맑은 고딕), 글자 크기(9), 채우기(주황, 80% 밝게), '가운데 정렬'

❼ 화살표 도형 : [입력] 탭에서 '블록 화살표' 이용

❽ 눈금선 표시 해제 : [보기] 탭-[눈금 선]의 체크 표시 해제

CHAPTER 18

PROJECT 04 신비한 바닷속 물고기 세상

★사용기능 ✔열 너비 ✔채우기 ✔도형 ✔워드숍

완성작품 미리보기

📁 불러올 파일 : 18장 폴더   📄 완성된 파일 : 신비한바다속(완성).cell

잠깐 영재 퀴즈 코너!

[문제] 다음 숫자가 들어간 표에서 원안에 입력된 숫자를 확인하고 ☆에 들어갈 숫자를 맞춰보세요.

[정답]

❶ 열 너비 조절 : A열의 너비(1)

❷ [입력] 탭-[도형]을 이용하여 물고기 그리기
- 도형을 이용하여 [그림1]과 같이 물고기 그리기
- [그림1]과 같이 도형 선택 → [도형] 탭-[맨 뒤로] 선택 → [그림2]와 같이 선택된 도형이 맨 뒤로 이동
- [그림3]과 같이 도형 선택 → [도형] 탭-[채우기]에서 '주황' 선택

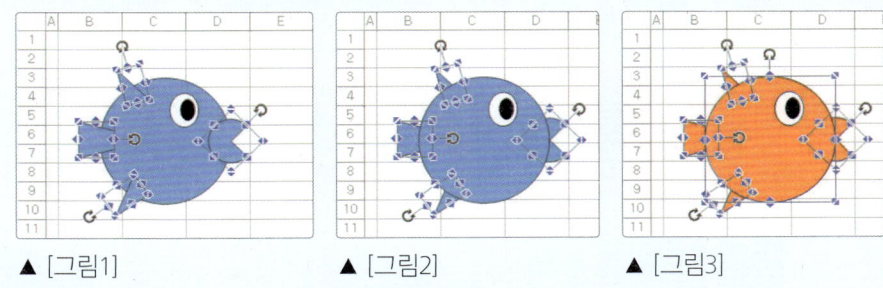

▲ [그림1]   ▲ [그림2]   ▲ [그림3]

- [그림4]와 같이 도형 선택 →[도형] 탭-[그룹]-[개체 묶기] 선택
- [그림5]에서 마우스 오른쪽 단추 → [개체 속성]-[선]-[굵기 : 2pt] 선택

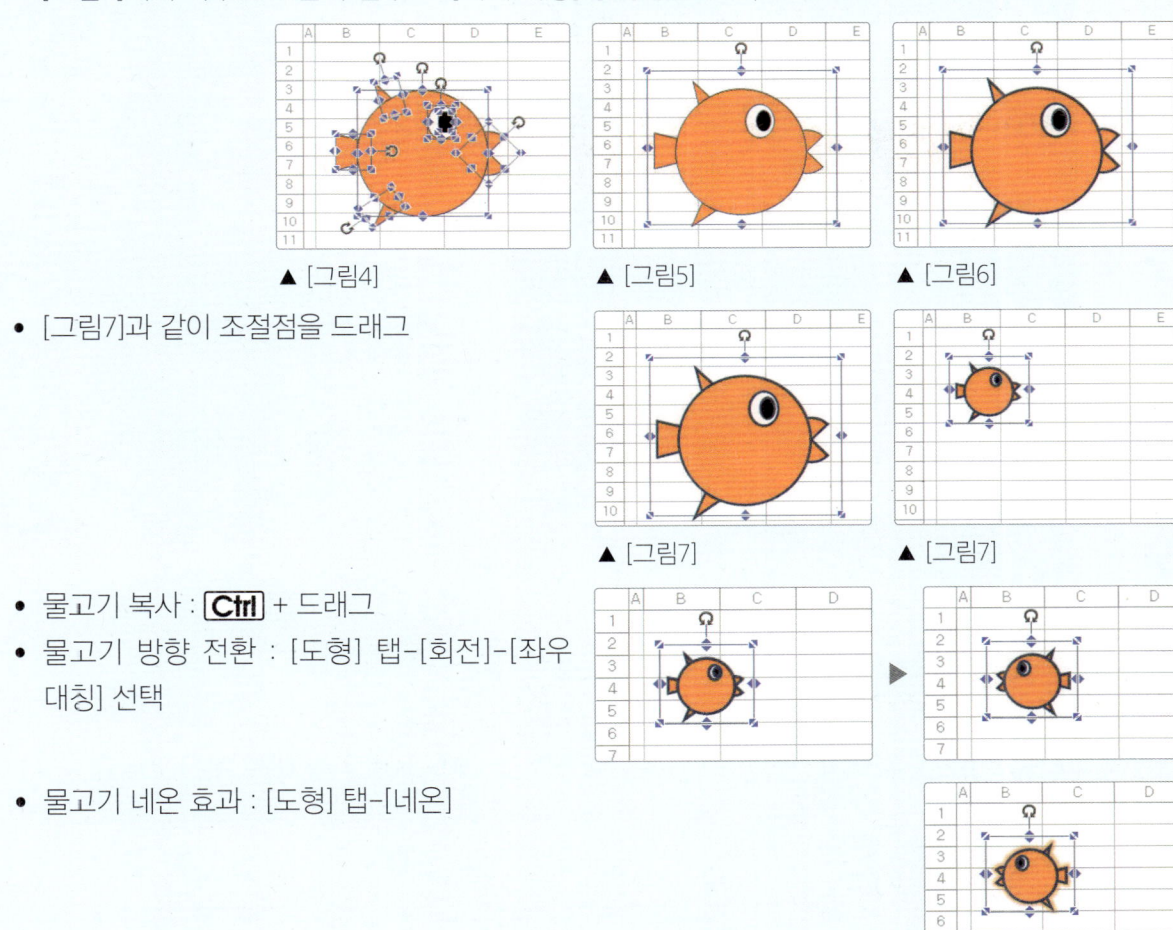

▲ [그림4]   ▲ [그림5]   ▲ [그림6]

- [그림7]과 같이 조절점을 드래그

▲ [그림7]   ▲ [그림7]

- 물고기 복사 : **Ctrl** + 드래그
- 물고기 방향 전환 : [도형] 탭-[회전]-[좌우 대칭] 선택

- 물고기 네온 효과 : [도형] 탭-[네온]

CHAPTER 19

PROJECT 05 동물 카드 단어장 만들기

★사용기능★ ✓ 행 높이 ✓ 열 너비 ✓ 채우기 ✓ 그림 삽입
✓ 데이터 입력

완성작품 미리보기

📂 불러올 파일 : 없음   📄 완성된 파일 : 동물카드단어장(완성).cell

잠깐 영재 퀴즈 코너!

[문제] 다음 기호를 넣어서 계산한 결과를 확인하고 ?에 들어갈 숫자를 계산하세요.

[정답]

25 ☆ 2 = 50   3 ◇ 2 = 5

24 △ 12 = 2   9 ♣ 2 = 7

32 △ 2 ☆ 3 ◇ 7 = ?

❶ 열 너비 지정 : A열(1), B열(12), C열(1), D열(17), E열(45), F열(5), G열(17), H열(45)

❷ 행 높이 지정 : 1행(13), 2행(180), 3행(13), 4행(180), 5행(13), 6행(180)

❸ 제목
  : [B2:B6] 영역(병합하고 가운데 맞춤). '동물카드단어장', 글꼴(HY울릉도B), 글자 크기(42), 채우기 (하늘색 20% 밝게), 글자 색(하양)

❹ 동물별 채우기, 글꼴, 글자 크기
  - 강아지[D2] : 채우기(하늘색 80% 밝게), 글꼴(맑은 고딕). 글자 크기(18)
  - 사자[D4] : 채우기(시멘트색 80% 밝게), 글꼴(맑은 고딕). 글자 크기(18)
  - 코끼리[D6] : 채우기(남색 80% 밝게), 글꼴(맑은 고딕). 글자 크기(18)
  - 늑대[G2] : 채우기(주황 80% 밝게), 글꼴(맑은 고딕). 글자 크기(18)
  - 토끼[G4] : 채우기(노랑 80% 밝게), 글꼴(맑은 고딕). 글자 크기(18)
  - 호랑이[G6] : 채우기(초록 80% 밝게), 글꼴(맑은 고딕). 글자 크기(18)

❺ 한 셀에 두 줄 이상 데이터 입력 : Alt + Enter 키 이용
  [예] '강아지' Alt + Enter 키 → 'Puppy' Alt + Enter 키 → '(퍼피)' Enter 키

❻ 그림 삽입 : [입력] 탭-[그림]

CHAPTER 20

PROJECT 06 목표 값 찾기 및 필터 작성하기

★사용기능
- ✓ 복사하기 ✓ 붙이기 ✓ AVERAGE 함수
- ✓ 목표값 찾기 ✓ 고급 필터

완성작품 미리보기

📂 불러올 파일 : 목표값찾기및필터.cell   📄 완성된 파일 : 목표값찾기및필터(완성).cell

	A	B	C	D	E	F	G	H
1								
2		상품코드	상품명	이용교통	여행기간	최소 출발인원	예약인원	상품가격
3		BK-1191	대관령양떼목장	버스	무박1일	25명	45명	₩ 45,000
4		TK-0582	경주 엑스포	기차	무박1일	8명	65명	₩ 94,000
5		AJ-0823	제주 자연유산	비행기	2박3일	18명	35명	₩ 379,000
6		BK-1961	담양&강천산	버스	1박2일	25명	56명	₩ 99,000
7		TK-2372	보성녹차별빛축제	기차	1박2일	8명	75명	₩ 115,000
8		BK-2334	평창 곤드레축제	버스	무박1일	25명	35명	₩ 25,000
9		TK-2332	홍도/흑산도	기차	1박2일	8명	24명	₩ 234,000
10		AJ-1043	제주 퍼펙트	비행기	2박3일	10명	24명	₩ 329,000
11			상품가격의 평균					₩ 165,000
12								
13								
14		이용교통	최소 출발인원					
15		기차						
16			<=20					
17								
18		상품코드	상품명	이용교통	여행기간	최소 출발인원	예약인원	상품가격
19		TK-0582	경주 엑스포	기차	무박1일	8명	65명	₩ 94,000
20		AJ-0823	제주 자연유산	비행기	2박3일	18명	35명	₩ 379,000
21		TK-2372	보성녹차별빛축제	기차	1박2일	8명	75명	₩ 115,000
22		TK-2332	홍도/흑산도	기차	1박2일	8명	24명	₩ 234,000
23		AJ-1043	제주 퍼펙트	비행기	2박3일	10명	24명	₩ 329,000

잠깐 영재 퀴즈 코너!

[문제] 다음 삼각형 안에 입력된 숫자를 확인하고 규칙을 찾아내어 ☆에 들어갈 숫자를 맞춰보세요.

[정답]

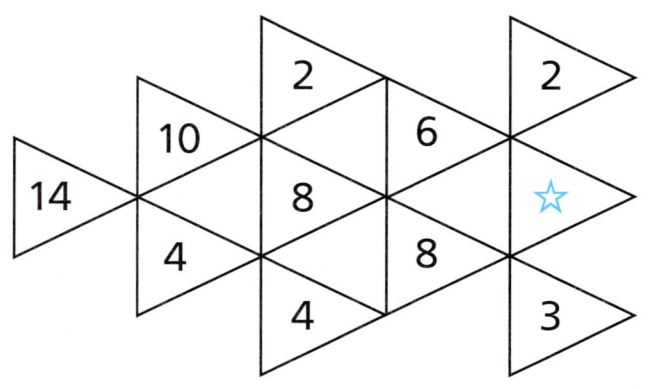

제1작업

시트의 [B4:H12] 영역을 복사하여 "제2작업" 시트의 [B2] 셀부터 모두 붙이기를 한 후 다음의 조건과 같이 작업하시오.

[조건]

① 목표 값 찾기
- [B11:G11] 셀을 병합하여 "상품가격의 평균"을 입력한 후, [H11] 셀에 상품가격의 평균을 구하시오. (AVERAGE 함수, 테두리, 가운데 맞춤)
- "상품가격의 평균"이 '165,000'이 되려면 대관령양떼목장의 상품가격이 얼마가 되어야 하는지 목표 값을 구하시오.

② 고급 필터
- 이용교통이 '기차'이거나, 최소출발인원이 '20' 이하인 자료의 데이터만 추출하시오.
- 조건 위치 : [B14] 셀부터 입력하시오.
- 복사 위치 : [B18] 셀부터 나타나도록 하시오.

> **TIP 작업방법 및 순서**
>
> ● 목표 값 찾기
>   - [B11:G11] 영역 '병합하고 가운데 맞춤' 후, [H11] 셀에 '=AVERAGE(H3:H10)'으로 평균 계산
>   - 테두리 및 가운데 맞춤 지정
>   - [데이터] 탭-[목표 값 찾기] 이용
>
> ● 고급 필터
>   - [B14:C16] 영역에 조건식 입력 : [D2] 셀 클릭 후, Ctrl + F2 셀 클릭 → 복사하기(Ctrl + C 키) → [B14] 셀 클릭 후, 붙이기(Ctrl + V 키) → [B15], [C16] 셀에 조건 입력
>   - [데이터] 탭-[고급 필터] 이용

CHAPTER 21

PROJECT 07 목표 값 찾기 및 필터 작성하기

★사용기능 ✔ 복사하기 ✔ 붙이기 ✔ SUM 함수 ✔ 목표 값 찾기

 완성작품 미리보기

📂 불러올 파일 : 목표값및필터.cell   📄 완성된 파일 : 목표값및필터(완성).cell

	A	B	C	D	E	F	G	H
1								
2		관리코드	모델명	차종	1일요금 (단위:원)	보유대수	평균 대여일	대여수입
3		G2012-1	레이	소형	100,000	25대	20	41,750,000
4		L2013-2	소나타 N20	중형	150,000	30대	21.7	97,650,000
5		G2013-2	i30	소형	120,000	22대	22.6	59,664,000
6		L2013-1	K5	중형	165,000	35대	26.4	152,460,000
7		D2013-1	카렌스	RV	170,000	12대	19.2	39,168,000
8		L2014-2	아반떼 MD	소형	110,000	27대	20.4	60,588,000
9		G2013-1	로체	중형	160,000	32대	23.4	119,808,000
10		D2014-1	뉴카니발	RV	270,000	17대	21.3	97,767,000
11			자동차 평균 대여일 합계				175	
12								
13								
14		차종	평균 대여일					
15		소형						
16			<=23					
17								
18		관리코드	모델명	차종	1일요금 (단위:원)	보유대수	평균 대여일	대여수입
19		G2012-1	레이	소형	100,000	25대	20	41,750,000
20		L2013-2	소나타 N20	중형	150,000	30대	21.7	97,650,000
21		G2013-2	i30	소형	120,000	22대	22.6	59,664,000
22		D2013-1	카렌스	RV	170,000	12대	19.2	39,168,000
23		L2014-2	아반떼 MD	소형	110,000	27대	20.4	60,588,000
24		D2014-1	뉴카니발	RV	270,000	17대	21.3	97,767,000

잠깐 영재 퀴즈 코너!

[문제] 다음 사각형에서 규칙을 찾아내어 계산한 값을 확인하고 ☆에 들어갈 숫자를 맞춰보세요.

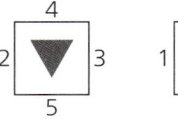

[정답]

제1작업 시트의 [B4:H12] 영역을 복사하여 "제2작업" 시트의 [B2] 셀부터 모두 붙이기를 한 후 다음의 조건과 같이 작업하시오.

[조건]

❶ 목표 값 찾기
- [E11:F11] 셀을 병합하여 "자동차 평균 대여일 합계"를 입력한 후, [G11] 셀에 자동차 평균 대여일 합계를 구하시오.(SUM 함수, 테두리, 가운데 맞춤)
- "자동차 평균 대여일 합계"가 '175'가 되려면 레이의 평균 대여일이 얼마가 되어야 하는지 목표 값을 구하시오.

❷ 고급 필터
- 차종이 '소형'이거나, 평균 대여일이 '23' 이하인 자료의 데이터만 추출하시오.
- 조건 위치 : [B14] 셀부터 입력하시오.
- 복사 위치 : [B18] 셀부터 나타나도록 하시오.

> **✓ TIP 작업방법 및 순서**
>
> ● 목표 값 찾기
>   - [B11:F11] 영역 '병합하고 가운데 맞춤' 후, [G11] 셀에 '=SUM(G3:G10)' 으로 합계 계산
>   - 테두리 및 가운데 맞춤 지정
>   - [데이터] 탭-[목표 값 찾기] 이용
>
> ● 고급 필터
>   - [B14:C16] 영역에 조건식 입력 : [D2] 셀 클릭 후, **Ctrl** + [G2] 셀 클릭 → 복사하기(**Ctrl** + **C** 키) → [B14] 셀 클릭 후, 붙이기(**Ctrl** + **V** 키) → [B15], [C16] 셀에 조건 입력
>   - [데이터] 탭-[고급 필터] 이용

CHAPTER 22

PROJECT 08 정렬 및 부분합 작성하기

사용기능 ✓ 복사하기 ✓ 붙이기 ✓ 정렬 ✓ 부분합

완성작품 미리보기

📂 불러올 파일 : 정렬및부분합.cell   📄 완성된 파일 : 정렬및부분합(완성).cell

상품코드	상품명	이용교통	여행기간	최소 출발인원	예약인원	상품가격
AJ-0823	제주 자연유산	비행기	2박3일	18명	35명	₩ 379,000
AJ-1043	제주 퍼펙트	비행기	2박3일	10명	24명	₩ 329,000
		비행기 최댓값			35명	
2		비행기 개수				
BK-1191	대관령양떼목장	버스	무박1일	25명	45명	₩ 38,000
BK-1961	담양&강천산	버스	1박2일	25명	56명	₩ 99,000
BK-2334	평창 곤드레축제	버스	무박1일	25명	35명	₩ 25,000
		버스 최댓값			56명	
3		버스 개수				
TK-0582	경주 엑스포	기차	무박1일	8명	65명	₩ 94,000
TK-2372	보성녹차별빛축제	기차	1박2일	8명	75명	₩ 115,000
TK-2332	홍도/흑산도	기차	1박2일	8명	24명	₩ 234,000
		기차 최댓값			75명	
3		기차 개수				
8		전체 개수				
		전체 최댓값			75명	

잠깐 영재 퀴즈 코너!

[문제] 다음 화살표에서 시작하여 오른쪽 사각형의 색상 순서를 확인하여 계산하였습니다. ☆에 들어 갈 숫자를 맞춰보세요. (색상의 방향은 대각선으로는 이동할 수 없습니다.)

[정답]

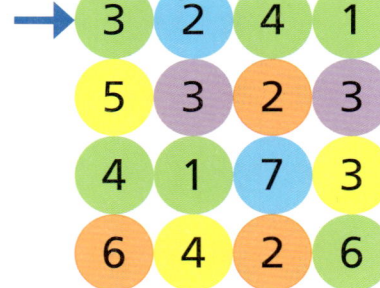

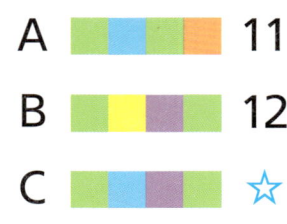

제1작업 시트의 [B4:H12] 영역을 복사하여 "제2작업" 시트의 [B2] 셀부터 모두 붙이기를 한 후 다음의 조건과 같이 작업하시오.

[조건]

① 완성작품처럼 정렬하고, 상품명의 개수와 예약인원의 최댓값을 구하여 부분합을 완성하시오.

② 윤곽은 지우시오.

③ 나머지 사항은 완성작품에 맞게 작성하시오.

> **TIP** 작업방법 및 순서
> - 정렬 : [D2] 셀 클릭 후, [데이터] 탭–[내림차순] 이용
> - 부분합 : [데이터] 탭–[부분합] 이용
> - 윤곽지우기 : [데이터] 탭–[그룹 풀기]–[윤곽 지우기] 이용

CHAPTER 23

PROJECT 09 피벗 테이블 작성하기

★사용기능★ ✔ 피벗 테이블

📁 불러올 파일 : 피벗테이블.cell   📁 완성된 파일 : 피벗테이블(완성).cell

	A	B	C	D	E	F	G	H	I	J
1								결재	담당	팀장	점장
2			2014년 하반기 우리렌트카 영업 실적							
3										
4		관리코드	모델명	차종	1일요금(단위:원)	보유대수	평균 대여일	대여수입	순위	비고
5		G2012-1	레이	소형	100,000	25대	16.7	41,750,000		기아
6		L2013-2	소나타 N20	중형	150,000	30대	21.7	97,650,000		현대
7		G2013-2	i30	소형	120,000	22대	22.6	59,664,000	3	현대
8		L2013-1	K5	중형	165,000	35대	26.4	152,460,000	1	기아
9		D2013-1	카렌스	RV	170,000	12대	19.2	39,168,000		기아
10		L2014-2	아반떼 MD	소형	110,000	27대	20.4	60,588,000		현대
11		G2013-1	로체	중형	160,000	32대	23.4	119,808,000	2	기아
12		D2014-1	뉴카니발	RV	270,000	17대	21.3	97,767,000		기아
13		최대 대여수입			152,460,000	✕		소형 차종의 총 보유대수		74대
14		차종이 RV인 차량의 총 보유대수			29		모델명	레이	평균 대여일	16.7

	A	B	C	D	E	F	G	H
1								
2			차종 ▼	데이터 ▼				
3			RV		소형		중형	
4		1일요금(단위:원) ▼	개수 : 모델명	평균 : 평균	개수 : 모델명	평균 : 평균	개수 : 모델명	평균 : 평균
5		100000-199999	1	19	3	20	3	24
6		200000-300000	1	21	***	***	***	***
7		총 합계	2	20	3	20	3	24

잠깐 영재 퀴즈 코너!

[문제] 다음 같은 무게의 물음표 상자가 있습니다. 물음표 상자의 무게를 확인하여 한 상자의 무게를 맞춰보세요. (상자의 무게는 정수로 표시합니다.)

[정답]

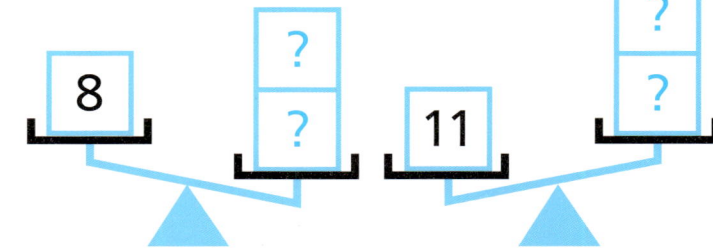

제1작업 시트를 이용하여 "제2작업" 시트에 조건에 따라 완성작품과 같이 작업하시오.

[조건]

❶ 1일요금(단위:원) 및 차종별 모델명의 개수와 평균 대여일의 평균을 구하시오.

❷ 1일요금(단위:원)을 그룹화하고, 보고서 레이아웃은 개요 형식으로 설정하시오.

❸ 차종을 완성작품과 같이 정렬하고, 빈 셀은 '***'로 표시하시오.

❹ 행의 총합계를 지우고, 나머지 사항은 완성작품에 맞게 작성하시오.

> **TIP 작업방법 및 순서**
> - [B4:H12] 영역 드래그 → [데이터] 탭-[피벗 테이블] 클릭
> - 해당 필드 드래그하여 이동 후, '평균 대여일'의 '평균' 지정과 '사용자 지정 이름' 변경
> - 1일 요금(단위:원)의 그룹화 : [B5] 셀 클릭 후, 마우스 오른 단추 클릭 → [그룹 묶기] 이용
> - 빈 셀 '***', 행의 총합계 지우기
>   – 피벗 테이블 내에서 마우스 오른쪽 단추 클릭 → [피벗 테이블 설정] 이용
> - [C5:H7] 영역 : '가운데 정렬', [셀 서식]-[표시 형식]에서 '회계' 서식 지정(기호 없음)

CHAPTER 24

PROJECT 10 그래프(차트) 작성하기

사용기능 ✓ 차트 작성 ✓ 차트 디자인 ✓ 차트 서식

완성작품 미리보기

📂 불러올 파일 : 차트.cell   📄 완성된 파일 : 차트(완성).cell

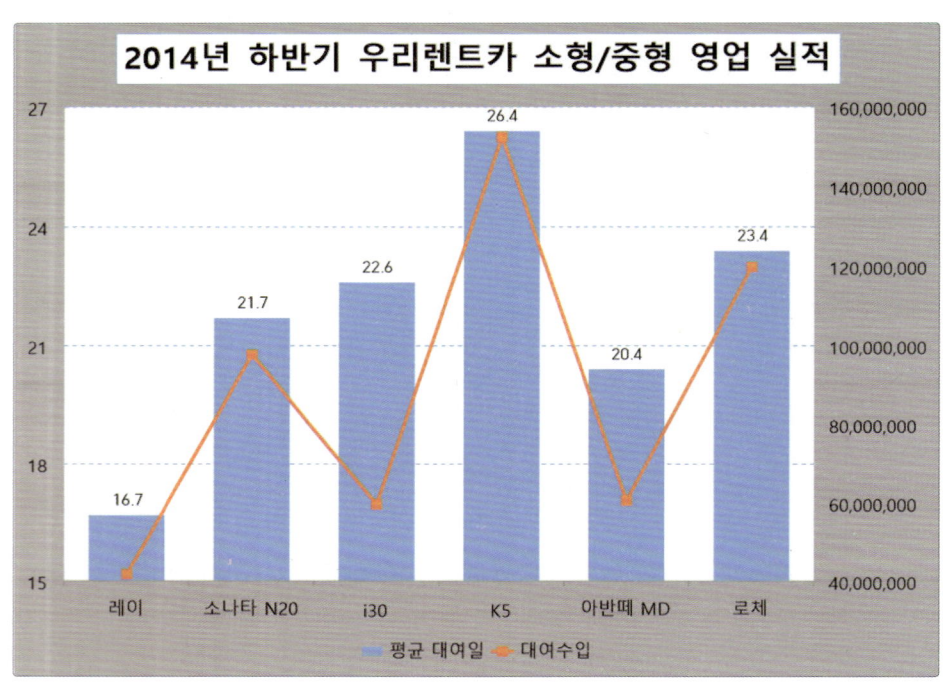

잠깐 영재 퀴즈 코너!

[문제] 첫 번째 큰 상자에 5개의 번호가 입력된 상자가 쌓이게 됩니다. 다음 이미지와 같이 나가는 (OUT) 순서로 3번째 큰 상자에서 제일 위에 있는 상자의 번호를 맞춰보세요.

[정답]

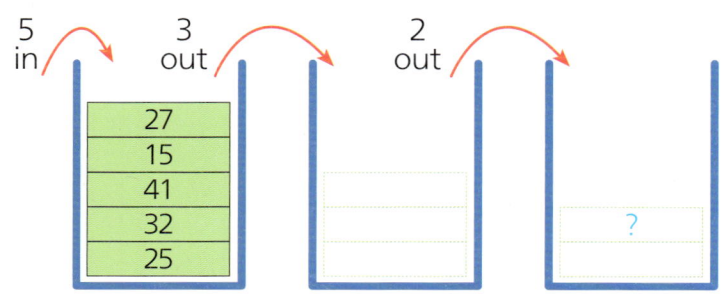

❶ 차트 종류 ⇒ <묶은 세로 막대형>으로 작업하시오.

❷ 데이터 범위 ⇒ "제1작업" 시트의 내용을 이용하여 작업하시오.

❸ 위치 ⇒ "새 시트"로 이동하고, "차트작업"으로 시트 이름을 바꾸시오.

❹ 차트 디자인 ⇒ 레이아웃 1, 스타일 5을 선택하여 완성작품에 맞게 작업하시오.

❺ 영역 서식 ⇒ 차트 : 글꼴(맑은 고딕, 11pt), 채우기(질감-금속), 그림 : 채우기(하양)

❻ 제목 서식 ⇒ 차트 제목 : 글꼴(맑은 고딕, 진하게, 20pt), 채우기(하양), 테두리

❼ 서식 ⇒ 대여수입의 차트 종류를 <표식이 있는 꺾은선형>으로 변경한 후 보조 축으로 지정하시오.
– 레이블 : 평균 대여일 계열값을 표시하고, 위치는 완성작품과 같이 표시하시오.
– 눈금선 : 선 스타일 – 파선, 축 : 완선작품을 참조하시오.

> **TIP 작업방법 및 순서**
>
> - ①, ②, ③번 :
>   – 데이터 범위 : [C4:C8], [C10:C11], [G4:H8], [G10:H11]
>   – [입력] 탭-[세로 막대형]-[묶은 세로 막대형] 이용
>   – [차트 디자인] 탭-[차트 이동] 이용
> - ④번 : [차트 디자인] 탭-[차트 레이아웃] / [스타일] 이용
> - ⑤번 :
>   – 차트 영역에서 마우스 오른쪽 단추 클릭 → [개체 속성]-[채우기]-[질감/그림] 이용
>   – 그림 영역에서 마우스 오른쪽 단추 클릭 → [그림 영역 속성]-[채우기]-[단색 채우기] 이용
> - ⑥번 :
>   – [차트 디자인] 탭-[차트 추가 구성] -[차트 제목]-[위쪽] 이용
>   – 차트 제목에서 마우스 오른쪽 단추 클릭 → [개체 속성]-[채우기]-[선] 이용
> - ⑦번 :
>   – '대여수입' 계열 클릭 후, [차트 디자인] 탭-[차트 종류 변경] 선택 → [표식이 있는 꺾은선형] 선택
>   – '대여수입' 계열 클릭 후, 마우스 오른쪽 단추 클릭 → [데이터 계열 속성]-[데이터 계열 지정]-[보조 축] 이용
>   – 레이블 : '평균 대여일' 클릭한 다음 → 마우스 오른쪽 단추 클릭 → [데이터 레이블 추가] 이용
>   – 눈금선 : '세로 (값) 축 주 눈금선' 클릭 후, 마우스 오른쪽 단추 클릭 → [눈금선 속성]-[선]-[선 종류]에서 '파선' 선택
>   – 축(세로 (값) 축) : '세로 (값) 축' 클릭 후, 마우스 오른쪽 단추 클릭 → [축 속성]-[축 옵션]에서 '최솟값(15), 최댓값(27), 주 단위(3)' 지정
>   – 축(보조 세로 (값) 축) : '보조 세로 (값) 축' 클릭 후, 마우스 오른쪽 단추 클릭 → [축 속성]-[축 옵션]에서 '최솟값(40000000), 최댓값(160000000), 주 단위(20000000)' 지정

MEMO